Paris. — Imprimerie de Cosse et J. Dumaine, rue Christine, n° 2.

DE LA

RÉHABILITATION

EN MATIÈRE CRIMINELLE

CORRECTIONNELLE ET DISCIPLINAIRE

(Commentaire pratique des lois des 3 juillet 1852 et 19 mars 1864)

PAR

M. TH. BILLECOCQ

CHEF DE DIVISION AU MINISTÈRE DE LA JUSTICE ET DES CULTES.

PARIS

IMPRIMERIE ET LIBRAIRIE GÉNÉRALE DE JURISPRUDENCE.

COSSE, MARCHAL ET Cie, IMPRIMEURS-ÉDITEURS,

LIBRAIRES DE LA COUR DE CASSATION,

Place Dauphine, 27.

1868

INTRODUCTION.

La réhabilitation, demeurée à peu près lettre morte dans notre Code, sous le régime électoral restreint, a pris, avec le suffrage universel, une extension constamment progressive dont le développement rationnel s'est encore accru par l'effet de diverses innovations législatives et des interprétations favorables d'une jurisprudence à hautes vues.

La moyenne des réhabilités, qui n'avait pas dépassé 13 par année jusqu'en 1830, s'est à peine élevée au double sous la monarchie de juillet. A partir de 1848 et pendant les douze années suivantes, elle a monté à 60; dans la dernière période quinquennale, elle a atteint le chiffre de 147. Enfin, en 1866, l'Empereur n'a pas signé moins de 324 lettres de réhabilitation. La progression ne peut que se poursuivre à mesure que les bienfaits de la réhabilitation seront plus généralement connus et partant mieux appréciés.

En présence de cet accroissement continu que tendent à favoriser de plus en plus les libérales dispositions de l'Administration, préoccupée avant tout d'assurer le progrès des mœurs publiques et la régénération des hommes que la justice s'est vue contrainte de frapper, il ne semble pas hors de propos de publier, sous forme de traité particulier, un exposé des conditions légales de la réhabilitation et des garanties qu'elle exige, avec l'indication détaillée des règles à suivre et de la procédure nécessaire pour y parvenir.

Les magistrats, à défaut des parties intéressées elles-mêmes, pourront trouver dans ce travail, dont une connaissance spéciale de la matière et une expérience pratique déjà longue promettent l'exactitude, un guide utile pour l'instruction d'affaires qui présentent souvent des difficultés imprévues dont les textes seuls ne donnent point la solution.

Après quelques notions historiques sur la réhabilitation, un chapitre est consacré à l'étude de sa nature et de son objet ; les deux suivants traitent, le premier, de ses conditions générales, et, le second, de celles qui sont spéciales à chacune de ses applications en matière criminelle, correctionnelle et disciplinaire ; dans le cinquième, sont exposées les règles et formes de la procédure en réhabilitation ; enfin le dernier précise et détermine les effets légaux de cette mesure de justice gracieuse.

Un appendice final réunit les lois, circulaires, arrêts de la Cour de cassation et documents divers relatifs à la réhabilitation.

Puisse ce livre n'être point sans quelque profit pour ceux qui croiront devoir le consulter ! c'est le principal vœu de l'auteur, et ce serait sa meilleure récompense.

CHAPITRE Ier.

Notions historiques.

La réhabilitation n'est point d'origine récente. On en trouve le principe dans la législation romaine, notamment dans la loi Ire au Code : *De sententiam passis et restitutis* et au Livre XXVIII du Digeste : *De pœnis*.

Notre ancien droit n'eut garde de répudier cette utile institution ; il se l'appropria et lui conserva le caractère de haute prérogative de la Couronne, que lui avaient attribuée les jurisconsultes romains. La réhabilitation émanait donc du prince seul ; c'était une manifestation de sa clémence. Aussi, d'après l'ordonnance criminelle de 1670, les lettres de réhabilitation n'étaient point classées parmi les lettres de justice, mais parmi les lettres de grâce ; la Grande Chancellerie les adressait aux Cours de Parlement ou aux baillis et sénéchaux, selon que les impétrants étaient nobles ou roturiers, et elles devaient être entérinées immédiatement sans jamais donner lieu à des remontrances.

En 1791, l'Assemblée constituante, s'appliquant à restreindre les priviléges de la Royauté, estima que l'introduction du jury dans l'appréciation des procès criminels autorisait la suppression du droit de grâce ; elle en dépouilla donc le souverain. Elle lui retira, de plus, le pouvoir de conférer la réhabilitation ; mais, du moins, elle maintint le principe de cette sage institution, se bornant à en modifier le caractère et à changer les formes de son application. D'acte de juridiction purement gracieuse, la réhabilitation devint une mesure de réparation sociale et, selon l'originale expression du temps, un véritable *baptême civique*. On la soumit dès lors à des garanties particulières et on l'entoura même d'une certaine solennité qui devait contribuer à en rehausser la valeur aux yeux des populations.

Ainsi, dix ans après l'expiration de sa peine, le condamné pouvait se pourvoir en réhabilitation, pourvu que, depuis les deux dernières années, au moins, il n'eût pas changé de résidence. Il devait adresser sa demande à la municipalité de son domicile, et si ce domicile n'avait pas toujours été le sien depuis sa libération, il lui fallait produire des attestations de bonne conduite émanant des autorités municipales des communes qu'il avait habitées auparavant. Huit jours après le dépôt de sa demande, il en était donné connaissance au conseil général de la commune qui s'ajournait à un mois, pour que, dans cet intervalle, chacun de ses membres pût se renseigner sur le compte du requérant. A l'expiration de ce délai, le conseil général délibérait, et si la majorité se prononçait pour l'admission de la demande, deux officiers municipaux, ceints de leur écharpe, conduisaient le condamné devant le tribunal criminel de son domicile, et, après avoir fait lecture du jugement prononcé contre lui, ils disaient à haute voix : « Un tel a expié son crime en subissant sa « peine ; maintenant sa conduite est irréprochable ; nous « demandons, au nom de son pays, que la tache de son « crime soit effacée. » Le président, sans vérification ni délibération, devait alors faire la déclaration suivante : « Sur l'attestation et la demande de votre pays, la loi et « le tribunal effacent la tache de votre crime. »

Il était dressé du tout un procès-verbal. Dans le cas où le tribunal qui prononçait la réhabilitation n'était pas le même que celui qui avait rendu le jugement, une copie du procès-verbal était envoyée à ce dernier tribunal pour être transcrite en marge dudit jugement.

La réhabilitation ainsi obtenue faisait cesser tous les effets et incapacités résultant de la condamnation. Cependant l'exercice des droits de citoyen actif restait suspendu à l'égard de l'impétrant, jusqu'à ce qu'il eût pleinement satisfait au paiement des dommages-intérêts et autres condamnations pécuniaires mis à sa charge.

Lorsque la demande en réhabilitation était repoussée par le corps municipal, le postulant ne pouvait la renouveler qu'après un intervalle de deux ans.

Telle était l'économie de la législation de 1791 (tit. VII de la 1re partie du Code pénal), sur la réhabilitation (1).

Défectueuse en théorie, puisqu'elle concentrait, dans le seul pouvoir municipal, l'entière appréciation des titres du libéré à la haute faveur qu'il poursuivait, et qu'elle ne faisait intervenir l'autorité judiciaire que pour une sorte de mise en scène où son rôle, d'ailleurs, était absolument passif, cette législation ne produisit, dans la pratique, que de médiocres résultats. La lecture publique du jugement de condamnation, qui faisait revivre le souvenir d'un crime généralement oublié, et l'assistance nécessaire de l'impétrant à cette humiliante formalité durent rebuter beaucoup de condamnés et les faire renoncer à revendiquer, à des conditions si onéreuses, les droits qu'ils avaient perdus.

Aussi, lorsqu'en 1808, la question se posa de nouveau devant les rédacteurs du Code d'instruction criminelle, de sérieuses objections furent soulevées, dans le sein du Conseil d'État, contre le principe même de la mesure. MM. Regnault de Saint-Jean d'Angély, Bérenger et

---

(1) Voir Appendice, n° 1.

Regnier s'en firent les organes, et, se fondant sur l'incorrigibilité des condamnés et sur l'inefficacité de la réhabilitation pour faire taire les défiances de l'opinion publique, ils se demandèrent s'il convenait de conserver cette institution.

M. Cambacérès répondit que l'Assemblée constituante avait décrété la réhabilitation dans des circonstances bien moins favorables ; qu'on l'accordait alors à tous les condamnés ; qu'on la faisait prononcer par les administrations locales sans examen ; qu'on pouvait adopter un mode différent, et qui ferait de la réhabilitation une institution utile ; qu'il fallait ne la confier ni aux conseils généraux ni aux administrations locales, mais la faire accorder par des lettres du prince, qui seraient délivrées en connaissance de cause et avec les modifications convenables.

M. Berlier ajouta : « Si vous ne rendez au condamné sa « place entière dans la société qu'après qu'une meilleure « conduite la lui aura méritée, vous lui inspirerez le désir « et même le besoin de recouvrer cette place ; et quand, « sur vingt criminels, il n'y en aurait que deux qui revins- « sent à une meilleure conduite, il faudrait admettre le « système proposé. On a objecté que l'opinion serait plus « forte que l'arrêt de réhabilitation; oui, s'il est injuste ; « non, au cas contraire. Au surplus, il ne s'agit pas de « savoir si l'estime publique sera rendue au condamné, « de telle sorte qu'on ne répugne point à s'allier à lui : « quand la réhabilitation ne produirait point cet effet ha- « bituellement, il ne faudrait pas la rejeter, car elle offre « assez d'avantages pour être recherchée de tout con- « damné, et pour donner ainsi une garantie à la société ; « c'est là le but de la réhabilitation. Voulez-vous fermer « aux condamnés toute issue, non-seulement à l'estime,

« mais à l'exercice de certains droits? Vous les constituez « à l'état de guerre avec la société, et vous les obligez à « recommencer leur infâme métier. Offrez-leur donc, au « contraire, un appât qui les rende meilleurs. Si cette vue « philanthropique et sociale n'est pas efficace envers tous, « on ne niera pas, du reste, qu'elle puisse l'être envers « quelques-uns, et cela suffit pour qu'on doive l'ad- « mettre. »

Ces justes observations déterminèrent le maintien du principe de la réhabilitation. Mais le système de la loi de 1791 qui laissait, en quelque sorte, au seul pouvoir municipal toute autorité en cette matière, fut profondément modifié.

Les municipalités, replacées dans leur véritable sphère, n'eurent plus qu'à attester, comme organes de l'opinion publique, la conduite tenue par les requérants depuis leur mise en liberté. Les tribunaux, reprenant, au contraire, leur légitime mission, durent, après information et délais, délibérer et donner leur avis motivé sur l'opportunité de la mesure destinée à effacer les dernières traces de l'arrêt de condamnation. Enfin, au Souverain seul, remis, par le sénatus-consulte du 16 thermidor an x, en possession de ses justes prérogatives, fut restitué le droit de proclamer la réhabilitation reconnue ainsi réellement méritée.

M. Réal donnait en ces termes, dans son exposé des motifs, les raisons du concours des pouvoirs administratif, judiciaire et exécutif à l'octroi de cette haute faveur : « Dans la réhabilitation, la peine est subie, l'amende et « les frais sont soldés et la partie civile est désintéressée, « l'accusé est quitte envers la loi, mais la tache d'infamie « lui reste ; il est retenu dans les liens d'une incapacité « dont il faut le débarrasser. Dans ces conditions, il est

« évident que la réhabilitation ne peut être confondue avec « la remise ou la commutation de la peine, mais elle s'y « rattache parce que le prince seul peut effacer la tache « d'infamie imprimée par la condamnation, et faire cesser « les incapacités produites par le jugement. D'un autre « côté, puisqu'il n'est plus question du droit de grâce et « de son application pure et simple, puisqu'il s'agit aussi « de la reconnaissance d'un droit acquis, les dispensateurs « de la justice, les tribunaux ne peuvent rester étrangers « à l'instruction qui doit précéder le jugement ; il a donc « fallu, dans cette matière, mixte de sa nature, admettre « le concours des tribunaux en ouvrant le recours au « prince. Les mêmes principes ont déterminé la nature et « les formes de l'instruction qui doit procurer les lettres « de réhabilitation. La Constituante, qui avait aboli le « droit de grâce, avait substitué à la sanction du prince « l'intervention des tribunaux ; mais le juge n'était appelé « que pour donner une forme légale à l'avis de la muni- « cipalité par un entérinement qu'il ne pouvait refuser. « Cette procédure, où la municipalité prononçait vérita- « blement le jugement, était inconvenante ; le projet n'a « pu l'admettre : l'ancienne forme répugnait également à « la nature des choses, ainsi qu'aux formes admises dans « l'exercice du recours à la commisération de Sa Majesté. « Le projet présente une instruction simple où les muni- « cipalités jouent un rôle convenable ; leur attestation né- « cessaire, indispensable, sera la base de la procédure. « Les tribunaux, après information, donneront un avis « motivé. Ces attestations, cet avis et le jugement de con- « damnation seront transmis au Grand-Juge, ministre de « la Justice, et Sa Majesté donnera, dans les formes pres- « crites par l'art. 87 du sénatus-consulte organique du « 16 thermidor an x, les lettres de réhabilitation. »

Ce système se trouve développé dans les art. 619 à 634 du Code de 1808 (1).

La durée de l'épreuve était réduite de dix à cinq ans; l'intervention du sous-préfet, du procureur impérial et du juge de paix était requise pour l'approbation des attestations délivrées par les autorités municipales. C'était directement au greffe de la Cour impériale que devait être déposée la demande, accompagnée desdites attestations et de l'expédition de l'arrêt de condamnation. Cette demande était insérée par extrait, dans le journal judiciaire du siége de la Cour et dans celui du lieu de la condamnation. Le procureur général, après avoir pris connaissance des pièces, donnait ses conclusions motivées par écrit devant la chambre criminelle, qui pouvait, ainsi que le ministère public, ordonner de nouvelles informations. L'avis de la Cour ne devait intervenir que trois mois au moins après la présentation de la demande. S'il était défavorable, une nouvelle épreuve de cinq ans était imposée au requérant; dans le cas contraire, cet avis était communiqué, avec les pièces, au ministre de la justice, qui avait la faculté de consulter la Cour d'où émanait la condamnation. Sur le rapport de ce ministre, l'Empereur statuait. En cas de réhabilitation, il en était expédié des lettres-patentes qui mentionnaient l'avis de la Cour et qui étaient adressées à cette Cour elle-même. Une copie authentique en était transmise, en outre, à la Cour qui avait rendu l'arrêt de condamnation, pour être transcrite en marge de cet arrêt. La réhabilitation faisait cesser toutes les incapacités résultant de la condamnation. Les récidivistes n'y pouvaient jamais prétendre.

Bien que ces nouvelles prescriptions n'eussent pas

(1) Voir Appendice, n° 2.

produit l'effet qu'on pouvait attendre d'une réglementation plus judicieuse des conditions et des formes de la réhabilitation, la révision du Code criminel, en 1832, ne modifia qu'en une seule de ses dispositions la législation de 1808 sur la matière. Le texte de l'art. 619 ne concernait explicitement que les condamnés à des peines temporaires; on en avait conclu que les individus, frappés de peines perpétuelles ou de la dégradation civique, étaient, en tout cas et à toujours, exclus du bénéfice de la réhabilitation. Pour faire cesser cette interprétation rigoureuse, les termes dudit article furent amendés dans un sens favorable aux condamnés dont il s'agit (1).

Mais, quelles étaient les causes qui paralysaient le développement d'une institution toute favorable aux condamnés, qu'elle prémunissait, par la constatation officielle de leur régénération morale, contre les redoutables défiances de l'opinion publique et auxquels elle garantissait, en outre, la restitution intégrale de leurs droits?

Le problème était intéressant à résoudre à l'époque, surtout, où la réforme des prisons préoccupait, en 1839, les meilleurs esprits. Les deux mesures semblaient destinées à se compléter l'une par l'autre. Dès la période de l'expiation, la réhabilitation faisait entrevoir au détenu des perspectives bien propres à ranimer son courage et à seconder l'action moralisatrice de la réforme projetée. Lorsqu'il avait recouvré sa liberté, isolé souvent au milieu d'une société peu disposée à lui faire accueil, ces mêmes perspectives devaient l'aider encore à persévérer dans la voie d'amendement que lui avaient ouverte les salutaires influences d'un régime pénitentiaire amélioré; elles encourageaient ses généreuses résolutions jusqu'à ce

---

(1) Voir Appendice, n° 3.

que la réhabilitation, longtemps poursuivie et définitivement obtenue, vînt enfin mettre le comble à ses vœux en faisant disparaître les dernières conséquences légales de sa condamnation.

Une commission fut donc chargée de rechercher les améliorations qu'il pouvait convenir d'apporter aux prescriptions du Code d'instruction criminelle sur la réhabilitation. Il ne s'agissait point de modifier, soit le caractère de cette mesure, soit la double juridiction à laquelle elle était soumise, mais de rendre accessible à un plus grand nombre de condamnés une institution dont le but spécial était d'éveiller dans leur cœur le sentiment moral, de les relever à leurs propres yeux et de les exciter au bien par l'attrait d'une récompense précieuse. Ne fallait-il pas en étendre le bienfait aux condamnés correctionnels frappés eux aussi, dans certains cas, d'incapacités temporaires ou perpétuelles ? L'exclusion portée inexorablement contre les récidivistes devait-elle être maintenue sans distinction ? Enfin, la publicité imposée à la demande et la durée des épreuves ne constituaient-elles pas des obstacles de nature à décourager les meilleures volontés?

Telles étaient les principales questions proposées à l'examen de la commission. Traitées dans un projet de loi soumis aux Chambres législatives en 1842, et reproduit en 1846, elles étaient encore à l'étude ou, du moins, attendaient leur solution lorsque la révolution de Février vint à éclater.

La chute de la monarchie et l'établissement du suffrage universel mettaient le Gouvernement provisoire dans l'obligation de pourvoir au mode de concession des lettres de réhabilitation et d'étendre le cercle de l'application de cette mesure, qui acquérait un nouveau prix et allait être recherchée avec plus d'empressement.

Un décret du 18 avril 1848 conféra provisoirement au ministre de la Justice les attributions cumulées du pouvoir judiciaire et du Souverain, c'est-à-dire que, sur le vu des pièces qui lui étaient transmises par le procureur général, avec son avis tenant lieu de celui de la Cour, ce ministre prononçait ou refusait la réhabilitation. Dans le premier cas, il était expédié, en son nom, des lettres qui étaient transcrites en marge de la minute de l'arrêt de condamnation. Au cas contraire, la demande ne pouvait être renouvelée qu'après un intervalle de cinq ans. De plus le bienfait de la réhabilitation était accordé aux condamnés correctionnels en faveur desquels la durée de l'épreuve était réduite à trois ans. Les formes de l'instruction étaient d'ailleurs les mêmes que pour les condamnés criminels, sauf en un seul point, c'est qu'au lieu d'être adressées au procureur général du ressort dans lequel était domicilié le libéré, les pièces devaient être transmises au procureur général du ressort où la condamnation avait été prononcée. Cette anomalie n'avait d'autre explication que la précipitation avec laquelle le décret avait dû être préparé. Enfin la publication de la demande dans les journaux judiciaires n'était plus exigée. Quant aux récidivistes, leur situation restait la même (1).

Telle était la réglementation transitoire de la matière lorsqu'en 1852, à la veille du rétablissement de l'Empire, le pouvoir législatif fut appelé à déterminer d'une manière fixe les conditions, les formes, les cas d'application et les effets de la réhabilitation.

L'œuvre sortie de ses délibérations est la loi du 3 juillet de ladite année, actuellement en vigueur et dont ce livre a précisément pour objet d'examiner en détail les dispositions (2).

---

(1) Voir Appendice, n° 4. (2) Voir Appendice, n° 5.

Cette loi, en restituant aux Cours de justice et au chef de l'État la légitime autorité que leur avait reconnue le Code de 1808, a sagement maintenu l'admissibilité des condamnés correctionnels au bénéfice de la réhabilitation, avec la réduction de la durée de l'épreuve introduite par le décret de 1848. Elle a, en toute hypothèse, dévolu au procureur impérial du domicile du requérant le soin de recueillir les pièces que ce dernier était antérieurement chargé de se procurer lui-même. Elle a supprimé définitivement l'humiliante condition de la publicité imposée à la demande, réduit à deux ans, en cas de rejet, la nouvelle épreuve, restreint l'exclusion des récidivistes au cas de concours de condamnations, pour crimes, à des peines afflictives et infamantes, mais frappé de la même exclusion l'individu condamné après réhabilitation.

Postérieurement et à la date du 19 mars 1864, une dernière loi, dont il sera également traité ci-après dans le chapitre IV, a comblé, pour les officiers publics et ministériels destitués, une lacune par suite de laquelle ils se trouvaient dans l'impossibilité de recouvrer leurs droits d'électeurs et de jurés (1).

Des décrets, en date des 15 janvier 1853 et 30 octobre 1867, ont rendu ces deux lois applicables aux colonies de la Martinique, de la Guadeloupe et de la Réunion.

---

(1) Voir Appendice, n° 6.

CHAPITRE II.

Nature et objet de la réhabilitation.

La réhabilitation est une institution légale qui, en retour du repentir manifesté par le coupable et de son amendement dûment constaté, a pour objet de lui restituer les droits civils et politiques que lui avait fait perdre sa condamnation. C'est un acte de réparation équitable, une haute mesure de justice et de faveur destinée à compléter les effets restreints de la grâce.

La grâce, sauf le cas très-exceptionnel où elle intervient pleine et entière avant toute exécution de l'arrêt ou du jugement (1), ne fait cesser que la peine. Les déchéances quelconques résultant directement de la condamnation subsistent donc, même après la grâce, dans toute leur force, et c'est la réhabilitation seule qui peut les faire disparaître.

De là, dans notre droit actuel, des différences essentielles entre la réhabilitation et la grâce, qui, sous l'ancien régime, comme on a pu le voir dans le chapitre précédent, avaient été souvent confondues parce qu'elles émanaient exclusivement l'une et l'autre de l'autorité du Souverain.

Ce sont deux institutions parallèles mais distinctes, qui ont des principes divers, un but différent et des limites propres.

Ainsi, tandis que la grâce s'applique aux condamnations

(1) Dans ce cas et aux termes d'un avis du Conseil d'État du 8 janvier 1823, la grâce prévient les incapacités, et rend, dès lors, la réhabilitation inutile.

non encore subies pour en modifier la nature ou en abréger la durée ; qu'en un mot, elle n'a d'action que sur la peine elle-même, sans jamais pouvoir effacer les traces légales de la condamnation ou l'infamie qui y est attachée, la réhabilitation, au contraire, n'intervient qu'après l'expiration de la peine ou la décision gracieuse qui y a mis fin; elle ne touche point au châtiment proprement dit, elle en anéantit seulement les conséquences éloignées, mais directes ; son unique effet est de faire disparaître les suites de la condamnation et non la condamnation elle-même. Ces deux mesures s'exerçent dans leur sphère respective, sans s'entraver l'une l'autre. La première est un acte de pure clémence qui, tempérant la sévérité du jugement, décharge le coupable de tout ou partie de sa peine; la seconde est surtout un acte de justice, qui, à raison des garanties résultant des épreuves auxquelles le libéré a été soumis, le relève de toutes ses incapacités et lui rend la dignité de citoyen.

La réhabilitation s'appuie donc sur les considérations les plus élevées. Elle excite le coupable au repentir, réveille ou fait naître en lui le sentiment moral, l'encourage à se bien conduire dès son entrée en prison et lui fait ainsi contracter, aussi bien durant la période de l'expiation que pendant celle de l'épreuve légale, des habitudes régulières et laborieuses qui seront des freins puissants contre de nouvelles chutes. Une fois obtenue, elle oblige l'impétrant à une circonspection qui garantit sa persévérance et consacre définitivement sa régénération. Elle tend donc essentiellement à prévenir les récidives, et peut, dès lors, se combiner utilement avec la réforme pénitentiaire pour en favoriser le succès.

Ce point de vue n'avait point échappé aux législateurs de 1808. Dans l'exposé des motifs du projet de Code d'instruction criminelle, M. le conseiller d'État Réal s'était exprimé ainsi :

« Jusqu'à ce jour, peu de réhabilitations ont eu lieu, « parce que le régime des prisons semblait s'opposer à « toute espèce de régénération. Nous touchons au moment « où, par des moyens doux, par un régime salutaire, on « pourra espérer d'améliorer l'âme du malfaiteur, le « rendre à l'habitude de l'ordre, du travail et de l'obéis- « sance aux lois. Espérons que les théories qui ont ob- « tenu quelque succès dans la Hollande ; espérons que « des institutions, plus heureuses encore, qui ont procuré « en Pensylvanie de si miraculeux résultats, pourront être « imitées en France, appropriées à nos mœurs et nous « donneront le consolant spectacle du criminel rendu, « par le travail et les mœurs, au bonheur et à la société. »

Le rapporteur du Corps législatif ajoutait : « Les fers, « le séjour des prisons, la compagnie habituelle d'hommes « flétris ne sont pas faits, assurément, pour améliorer « ceux qui vivent au milieu d'eux. Mais vous penserez « qu'il n'en sera pas ainsi, si quelque espoir de retour à « l'estime des hommes était laissé aux condamnés. Oui, « j'en ai la conviction, il arrivera que beaucoup de con- « damnés seront ramenés à des principes d'ordre et de « probité qui, utiles pour eux, utiles par les leçons qui « en résulteront dans les lieux de détention pour leurs « compagnons d'infortune, tourneront au profit de la « société elle-même. On a vu, depuis l'Assemblée consti- « tuante, des exemples de réhabilitation ; on en verra « davantage à l'avenir ; mais quand, par impossible, l'es- « poir d'y être admis ne servirait qu'à rendre meilleur un « seul individu, la peine qu'aurait prise le législateur ne « serait point perdue. »

Ces vues généreuses, quelque peu méconnues jusqu'à

ces derniers temps, ont été reprises avec empressement et mises en œuvre par l'administration actuelle. Sur l'initiative de M. le Garde des Sceaux, frappé des avantages que la réforme pénitentiaire et la moralisation des condamnés pourraient retirer du concours de la réhabilitation mieux connue et partant plus recherchée par la population de nos prisons, M. le ministre de l'Intérieur a adressé, le 17 mars 1865, aux préfets, des instructions ayant pour objet de bien faire comprendre aux détenus les conditions et les bienfaits de cette institution légale (1).

Aux termes desdites instructions, les directeurs des maisons centrales et autres établissements pénitentiaires sont tenus, dès l'arrivée du condamné en prison, de lui faire entrevoir, comme encouragement à se bien conduire, la perspective de la réhabilitation et de lui en expliquer les conditions ainsi que les avantages. Cette exhortation doit être renouvelée, en temps opportun, soit en particulier, soit en public, pendant la durée de l'incarcération.

Il importe surtout qu'elle soit répétée avec une bienveillante insistance au moment de la libération, alors que le détenu, sur le point de retrouver, avec sa liberté d'action, les séductions de tout genre, qui, peut-être, l'ont une première fois perdu, va sentir d'une façon plus pressante, le besoin d'appuyer sa résistance à de perfides suggestions, sur une base propre à les défier et à soutenir ses efforts persévérants vers le bien.

N'est-on pas en droit d'espérer que ces appels réitérés à des sentiments d'honneur, qui, chez la plupart des condamnés, ne sont pas entièrement éteints, produiront, s'ils sont faits, non avec la sécheresse d'une consigne, mais avec l'accent d'un intérêt sincère, les heureux ré-

(1) Voir Appendice, n° 7.

sultats qu'en attendent les promoteurs de cette bienfaisante innovation.

La réhabilitation, éminemment profitable donc aux coupables, puisqu'elle détermine et consacre leur amendement, ne l'est pas moins à la société elle-même, dont elle transforme les membres indignes en citoyens utiles. Une telle institution ne saurait, dès lors, recevoir trop de développement. On vient de voir comment l'administration s'est appliquée à en propager la connaissance et à en étendre les bienfaits parmi les condamnés auxquels cette mesure est indispensable pour recouvrer leurs droits. Sa sollicitude est allée plus loin encore : s'inspirant des considérations de l'ordre moral le plus élevé, elle s'est demandé, si, alors même que la condamnation n'a entraîné aucune incapacité ou déchéance légale, il ne conviendrait point que la tache qu'elle imprime toujours au front du coupable, pût être effacée par la réhabilitation. Il lui a paru que, lorsque par un sentiment de dignité qui l'honore, l'homme que la justice a frappé, sans le priver, d'ailleurs, d'aucun de ses droits, s'efforce de reconquérir la pleine estime de ses concitoyens, ses louables tentatives ne devraient point être découragées par l'interprétation matérialiste d'une loi réparatrice et morale dont les auteurs n'ont pu entendre renfermer l'application dans le cercle étroit d'une utilité actuelle et immédiate. Elle a donc saisi la Cour de cassation de l'examen de cette importante question, et la Cour suprême, avec cette hauteur de vues qui est le cachet de toutes ses décisions, n'a pas hésité à la résoudre dans le sens le plus libéral.

Aux termes de son arrêt, en date du 27 avril 1865 (1), le droit de poursuivre la réhabilitation en matière correc-

(1) Voir Appendice, n° 8.

tionnelle, existe pour le condamné dans tous les cas et alors, même, qu'aucune déchéance, incapacité ou interdiction ne serait la conséquence du jugement.

Ainsi, donc, la réhabilitation est désormais indistinctement accessible à tous ceux dont l'honneur a pu être, même le plus légèrement, atteint par une condamnation correctionnelle. Notre législation répressive, se modelant de plus en plus sur le principe chrétien, ne se borne pas à adoucir progressivement ses pénalités ; elle place, à côté du châtiment indispensable de tout méfait, la perspective, pour le repentir, d'un pardon définitif et sans réserve. La société, loin de se montrer impitoyable envers ceux qu'elle est dans la nécessité de frapper, loin de les retrancher à jamais de son sein, leur tend, au contraire, une main secourable, s'ils veulent revenir à elle, et, pour prix d'un amendement certain, les remet en possession de tous leurs droits.

C'est là une institution qui honore profondément nos Codes, de même que les encouragements qu'elle reçoit de la magistrature et de l'administration attestent, une fois de plus, l'esprit éclairé et généreux de l'une et de l'autre.

CHAPITRE III.

Des conditions générales de la réhabilitation.

On vient de voir, dans le chapitre précédent, que tout condamné peut se pourvoir utilement en réhabilitation, quelles que soient, d'ailleurs, les conséquences légales de son jugement.

La première condition, pour être apte à se faire réhabiliter, est donc d'avoir été frappé d'une condamnation définitive et irrévocable.

La réhabilitation ne suppose point l'innocence, mais, au contraire, la culpabilité de l'impétrant ; elle n'est point destinée, bien qu'en fait elle puisse parfois y concourir, à réparer les erreurs inévitables de la justice humaine; elle n'a d'autre fin légale que de relever le coupable des déchéances que lui a attirées son méfait, et qui survivent à l'exécution du châtiment proprement dit.

Conséquemment, un individu poursuivi, même à plusieurs reprises, pour des crimes ou des délits, mais, chaque fois, acquitté, ou absous, ou renvoyé des fins de la plainte, ne serait point en droit, quelle que flétrissure morale que lui eussent infligée ces poursuites, de recourir à la réhabilitation. Il en serait de même de celui qui aurait été déchargé, en appel, d'une condamnation prononcée par les juges du degré inférieur, comme aussi de l'enfant, qui, acquitté, à défaut de discernement, aurait été, néanmoins, et par application de l'art. 66 du Code pénal, envoyé dans une maison de correction pour un temps déterminé par l'arrêt ou le jugement.

De ce que tout condamné peut être admis à se faire

réhabiliter, il résulte que cette voie de recours est ouverte à l'étranger frappé par nos lois, comme au Français lui-même. Pour l'étranger, en effet, indépendamment du prix que le soin de sa considération peut lui faire attacher à la réhabilitation, il est forcé d'y recourir pour être relevé de la déchéance résultant des dispositions combinées des art. 26 et 78 de la loi du 15 mars 1850, lesquelles l'empêcheraient d'obtenir l'autorisation d'ouvrir un établissement d'instruction primaire ou secondaire. La réhabilitation ne lui serait pas moins indispensable, d'après les règles de la Chancellerie, pour être admis à établir son domicile en France et, à plus forte raison, pour parvenir à la naturalisation.

Il est deux cas où les condamnés, pour recouvrer leurs droits, sont dispensés de la réhabilitation. Le premier est celui d'une amnistie intervenue après la condamnation, même exécutée en partie. Dans ce cas, l'amnistie annulant, avec ce qui subsiste de cette condamnation, le fait qui en était la base, rétablit nécessairement l'auteur de ce fait innocenté dans tous les droits dont il avait pu être momentanément privé par l'arrêt ou le jugement rendu contre lui. Le second cas, dont il a déjà été question plus haut, se produit lorsque la grâce est obtenue avant tout commencement d'exécution de la condamnation. En pareille hypothèse, un avis du Conseil d'Etat, du 8 janvier 1823, approuvé par le Roi et inséré au *Bulletin des Lois*, (nº 159) a décidé que les incapacités sont prévenues et que les lettres de grâce pleine et entière rendent la réhabilitation inutile.

Au principe de l'admissibilité générale des condamnés à la réhabilitation, la loi a introduit deux exceptions que l'art. 634 formule en ces termes : « Aucun individu, « condamné pour crime, qui aura commis un second

« crime et subi une nouvelle condamnation à une peine « afflictive ou infâmante, ne sera admis à la réhabilitation. — Le condamné qui, après avoir obtenu sa réhabilitation, aura encouru une nouvelle condamnation, ne « sera plus admis au bénéfice des dispositions qui précèdent. »

Le Code de 1808 avait exclu d'une manière absolue les récidivistes de la réhabilitation. Cette exclusion n'existait, cependant, ni dans le Code de 1791, ni même dans l'ordonnance de 1670. Le projet soumis, en 1852, au Corps Législatif proposait, sous ce rapport, de revenir à l'ancienne législation ; mais cette libérale pensée ayant soulevé de graves objections au sein de la commission chargée de l'examen du projet de loi, aboutit, en définitive, à un compromis dont la première des deux dispositions ci-dessus transcrites est la reproduction. Il importe de remarquer que, pour être frappé de l'exclusion portée par cette disposition, il ne suffit point d'avoir commis deux crimes, mais qu'il faut avoir été condamné, pour l'un et l'autre, à une peine afflictive ou infâmante.

Quant à l'exclusion contenue au dernier paragraphe de l'art. 634, elle atteint, au contraire, tout réhabilité qui encourt une condamnation, même simplement correctionnelle. Cette innovation, qui a été accueillie sans difficulté par le Corps Législatif, était ainsi justifiée dans l'exposé des motifs : « Il a paru nécessaire de refuser la réhabilitation aux libérés qui, après en avoir recueilli le « bienfait, s'en sont montrés indignes en méritant de nouvelles condamnations, et qui viennent cependant la solliciter pour la seconde fois. Cette haute faveur ne doit « pas être prodiguée, elle repousse l'hypocrisie qui la « convoite et elle ne doit pas être accordée à ceux-là qui « s'en sont couverts pour tromper la foi publique. »

Il est une dernière classe de condamnés, ceux des tribunaux de simple police, auxquels la réhabilitation est évidemment inapplicable. Non-seulement, en effet, les condamnations prononcées par ces tribunaux n'engendrent aucune incapacité, mais, basées sur des faits purement matériels, sur de simples contraventions qui n'impliquent même point la mauvaise foi, elles ne peuvent nuire en aucune façon à la considération de ceux qu'elles atteignent et ne rentrent point, dès lors, à ce titre, dans les prévisions de l'arrêt de la Cour de cassation, du 27 avril 1865. La loi, d'ailleurs, étant restée muette sur les conditions de la réhabilitation en pareille matière, il ne pourrait être suppléé par aucun équivalent à son silence à cet égard.

Il semble à peine nécessaire d'ajouter qu'il ne peut non plus jamais y avoir lieu de procéder à la réhabilitation de la mémoire d'un condamné après sa mort; une telle mesure n'étant autorisée par aucun texte légal et ne pouvant, au surplus, avoir d'efficacité réelle. La réhabilitation ne doit point, en effet, être confondue avec la révision; elle ne se base point, comme celle-ci, sur l'innocence reconnue du condamné, mais, au contraire, sur sa culpabilité incontestée; son objet n'est point de décharger la mémoire de l'impétrant d'une condamnation imméritée, elle se restreint à restituer au coupable amendé l'intégralité de ses droits. La mort y met donc un obstacle absolu.

La seconde condition, pour être réhabilité, est d'avoir exécuté la condamnation ou obtenu des lettres de grâce. C'est la prescription formelle de l'art. 619. La réhabilitation supposant, comme on l'a vu, la culpabilité, celui qui y aspire doit nécessairement avoir satisfait à la justice, expié son méfait, ou, tout au moins, justifier qu'il a été dispensé de tout ou partie de cette obligation par un acte de la haute prérogative du Souverain. Si, cependant, par suite d'une erreur qui ne lui serait nullement imputable, il avait été mis en liberté avant l'expiration de sa peine ou qu'une autre disposition de l'arrêt ou du jugement fut restée sans exécution, il n'y aurait point lieu, après la prescription acquise, de faire compléter cette exécution ou d'y suppléer par la voie gracieuse; la réhabilitation, toutes les autres conditions d'ailleurs remplies, pourrait être poursuivie et définitivement obtenue.

Mais le condamné qui a prescrit sa peine, qu'elle ait été ou non prononcée contradictoirement, ne peut jamais parvenir à la réhabilitation. Si, au premier abord, cette déduction paraît rigoureuse, on est amené à reconnaître qu'elle n'est que juste, en considérant que celui qu'elle atteint a déjà échappé au châtiment qui lui avait été infligé ; qu'il est désormais à l'abri de toutes recherches pour le fait qui avait motivé sa condamnation, et qu'il serait, en définitive, bien plus favorablement traité que celui qui a subi toutes les conséquences de sa faute, s'il venait encore à être relevé, comme ce dernier, des déchéances éloignées qu'il a encourues.

Indépendamment de l'exécution, à défaut de grâce, de la peine principale, le demandeur en réhabilitation est tenu de faire preuve de sa complète libération des condamnations pécuniaires mises à sa charge. Voici, à ce sujet, les dispositions de l'art. 623 : « Il doit justifier du « paiement des frais de justice, de l'amende et des dom- « mages-intérêts auxquels il a pu être condamné, ou de la « remise qui lui en a été faite. A défaut de cette justifica- « tion, il doit établir qu'il a subi le temps de contrainte « par corps déterminé par la loi, ou que la partie lésée a

« renoncé à ce moyen d'exécution (1). S'il est condamné « pour banqueroute frauduleuse, il doit justifier du paie- « ment du passif de la faillite en capital, intérêts et frais, « ou de la remise qui lui en a été faite. »

Par une juste extension du principe de haute moralité qui a dicté cette dernière disposition, la jurisprudence de la Chancellerie ajoute aux exigences de la loi celle de la réparation, en toute matière, du préjudice causé. Il a paru que, pour être réellement digne de la réhabilitation, le voleur, le faussaire, l'escroc, l'usurier n'étaient pas moins tenus que le banqueroutier, de se dessaisir de leurs gains illicites; qu'ils ne pouvaient cumuler le bienfait de cette haute faveur avec le profit tiré de leurs fraudes ou de leurs exactions. Par le même motif, les auteurs d'attentats contre les personnes (homicides, coups, voies de fait, attentats aux mœurs) sont astreints à dédommager, selon leurs facultés, les victimes de leur brutalité, ou, tout au moins, à justifier d'un pardon qui leur aurait été généreusement octroyé. Quand la réparation directe est impraticable vis-à-vis de la partie lésée ou de ses ayants droit, elle peut s'opérer, au moyen d'un sacrifice pécuniaire consenti en faveur d'un établissement de bienfaisance ou d'une œuvre charitable dont la destination se rapproche le plus du but poursuivi. Il importe, en un mot, que, sans aller jusqu'à encourager des réclamations abusives ou provoquer de honteuses spéculations, le requérant s'applique à prévenir, par des actes d'un juste et volontaire désintéressement ou par des démarches tendantes à racheter ses torts, toute récrimination quelque peu fondée contre la réhabilitation qui viendrait à lui être accordée ultérieurement.

---

(1) Cette disposition n'a plus d'objet, en ce qui touche les frais, aux termes de la loi du 22 juillet 1867 (art. 3).

Il va de soi que si, par rancune ou tout autre mauvais sentiment qui la porterait à susciter des entraves au succès de la demande du condamné, la partie lésée refuse d'accepter ce qui lui est dû, il suffit d'en faire consigner le montant, à son profit, dans une caisse publique, de même qu'il n'y aurait point lieu de s'arrêter devant une résistance calculée de sa part à des avances loyalement faites.

Revenons maintenant aux prescriptions de l'art. 623.

Le demandeur en réhabilitation doit justifier du paiement des frais, de l'amende et des dommages-intérêts ou de la remise qui lui en a été faite. Cette dernière éventualité ne saurait, aux termes de la circulaire du 17 mars 1853, s'appliquer aux frais, car leur remise ne peut être accordée à aucun titre, ni par voie de grâce, ni même par mesure administrative. La condamnation aux frais n'a point, en effet, le caractère pénal qui, seul, légitimerait une décision gracieuse; et, d'un autre côté, son but étant d'assurer au Trésor, dont les droits sont inaliénables, le recouvrement de ses avances, le ministre des Finances ne pourrait valablement dispenser un condamné de sa complète libération à cet égard.

Toutefois, ce principe, très-rationnel en théorie, mais parfois rigoureux dans la pratique, puisqu'il tend à fermer l'accès de la réhabilitation aux indigents, reçoit, dans son application, tous les tempéraments compatibles avec l'esprit de la loi. Ainsi, par exemple, il a été admis que, dans le cas de compensation probable avec les sommes dues au Trésor du produit de la vente effectuée par le Domaine d'objets saisis sur le demandeur, ou de son mobilier, il n'y avait point lieu d'exiger d'autres justifications du paiement desdites sommes. Il en a été de même dans des espèces où, par suite de la perte du dossier, ou de ses registres, l'administration se trouvait hors d'état de fixer le montant des frais et d'en poursuivre le recouvrement. C'est encore ce qui s'est fait à l'égard de condamnés reconnus victimes d'erreurs judiciaires. Ces décisions s'appuient toutes, on le voit, sur des considérations d'équité qui rentrent, évidemment, dans l'interprétation libérale et éclairée du texte légal.

Non-seulement, le condamné est tenu au paiement des frais mis à sa charge, mais, s'il a eu des complices, il doit établir, en vertu du principe de la solidarité, que la part de ceux-ci a été acquittée, soit par eux, soit par lui-même; et, dans le cas où ce seraient, au contraire, ses complices ou l'un d'eux qui auraient payé pour lui, il lui faudrait justifier du remboursement de cette avance.

En ce qui concerne l'amende, la loi admet trois modes de libération ; le paiement, la grâce ou l'exercice de la contrainte par corps.

L'obligation que la solidarité fait peser sur le requérant pour les frais, lui est pareillement imposée à l'égard de l'amende. Il doit produire tout à la fois la quittance et de son amende personnelle et de celle infligée à ses complices; et, si le versement n'en a pas été opéré par lui, la preuve de la restitution de sa propre part.

On a vu précédemment que la prescription de la peine fait obstacle à la réhabilitation parce que, dans ce cas, la condamnation n'a point été, comme le veut la loi, exécutée ou remise par la grâce. Cet obstacle, insurmontable quant aux peines corporelles, ne l'est pas également pour les peines pécuniaires, spécialement pour l'amende. S'il est, en effet, impossible d'admettre un condamné à subir une incarcération dont la prescription l'a définitivement affranchi, il ne répugne point de même à la nature de l'amende de se transformer en dette civile, ce qui a lieu, notamment, après le décès du condamné, et, dès lors, le redevable d'une amende prescrite peut se rendre apte à la réhabilitation en versant, nonobstant la prescription, le montant de son amende dans les caisses du Trésor, qui accepte sans difficulté ce paiement librement offert. L'équité d'une telle solution apparaît surtout dans le cas où l'amende n'a été prononcée qu'accessoirement à une peine corporelle qui a été subie, et où la seule entrave à la réhabilitation proviendrait, par conséquent, du défaut d'exécution, en temps opportun, de cette condamnation secondaire.

De même que le paiement, la remise de l'amende, principale ou accessoire, opère libération au profit du demandeur en réhabilitation, et ce, aussi bien quand ladite remise émane directement de la clémence du Souverain que lorsqu'elle a été accordée par le ministre des Finances, en vertu du droit de transaction dont il est investi en certaines matières. Il a même été décidé, dans une espèce où ce ministre avait outrepassé ses droits, que la décharge par lui abusivement octroyée était irrévocablement acquise à l'impétrant et le libérait complétement vis-à-vis du Trésor.

La réhabilitation supposant nécessairement cette libération entière et définitive, il ne peut y avoir lieu de faire remise à celui qui l'a obtenue d'une amende qu'on découvrirait après coup avoir été prononcée contre lui et qu'il n'aurait point acquittée. La seule mesure à prendre, en pareille occurence, serait le sursis indéfini aux poursuites en recouvrement de cette amende.

L'exercice de la contrainte par corps, qui est légalement admis comme équivalent du paiement ou de la remise de l'amende, fait défaut dans la pratique, parce que l'administration s'abstient généralement de l'emploi de ce mode d'exécution, aussi coûteux qu'improductif vis-à-vis des indigents. D'un autre côté, la renonciation à cette voie de rigueur ne saurait jamais être, de sa part, expresse et définitive, comme le veut le 2e paragraphe de l'art. 623, puisqu'elle cesserait forcément avec l'insolvabilité du condamné.

Pour les dommages-intérêts proprement dits, de même que pour toutes restitutions ou réparations dues à la partie lésée, la libération résulte, non-seulement du paiement effectif ou de l'exercice de la contrainte par corps, mais de la renonciation qui y serait faite, comme de toute décharge quelconque volontairement consentie par la partie elle-même, ou par ses héritiers ou ayants droit.

Une troisième et dernière condition, pour parvenir à la réhabilitation, est d'avoir pleinement satisfait aux délais d'épreuve déterminés par la loi, et dont la durée varie selon la gravité de la condamnation prononcée.

Ces délais, pour que l'amendement du coupable puisse être plus sûrement constaté, ne commencent à courir que du jour où celui-ci s'est établi dans l'arrondissement et la commune qu'il habite au moment du dépôt de sa demande. Ce n'est point, en effet, un séjour total, mais un séjour consécutif de la durée fixée par la loi qui constitue l'accomplissement de la condition dont il s'agit. Si donc le requérant a eu, depuis sa libération, d'autres résidences que celle où il se trouve, le temps qu'il y a passé reste en dehors des délais légaux, dont le point de départ est d'autant retardé. Mais lorsque, sur l'instruction faite est intervenu l'avis de la Cour, le changement de domicile du demandeur, pendant le cours d'une instruction complémentaire, ordonnée par la Chancellerie, ne saurait l'astreindre, pour sa nouvelle résidence, à l'accomplissement desdits délais.

La loi ayant réglé elle-même la durée de ces délais, il est manifeste qu'aucune autorité, même la plus auguste, ne peut en accorder la dispense ou seulement l'abréviation. C'est, au surplus, ce qui ressort textuellement de l'avis déjà cité du Conseil d'État du 8 janvier 1823.

Bien que le législateur attache une importance majeure à la continuité du séjour du requérant dans la même localité, pendant le cours des délais d'épreuve, et qu'il en fasse dériver, en quelque sorte, la garantie la plus rassurante pour l'avenir, il est des cas où l'application de cette prescription doit être tempérée par de sages ménagements pour ne point créer d'insurmontables entraves à la marche d'affaires réellement favorables. Ainsi, un déplacement momentané, ou même de courtes absences justifiées par des motifs plausibles, ne sauraient, à l'égard de libérés méritants, constituer des interruptions de résidence nécessitant un nouveau point de départ des délais légaux.

Le temps passé sous les drapeaux pendant une partie de ces délais équivaut à la résidence au domicile. Il en est de même, pour le marin et l'inscrit maritime, de la durée de leur embarquement. Mais si, depuis sa condamnation, le demandeur en réhabilitation n'avait point quitté le service ; s'il n'avait jamais reparu dans la commune, il ne remplirait, évidemment, point les conditions voulues pour parvenir à son but ; la discipline militaire, à laquelle il serait resté exclusivement soumis, fort indulgente au point de vue de la vie privée, ne pouvant lui tenir lieu, en ce qui touche sa régénération morale, de l'indispensable contrôle de ses concitoyens.

Quant au séjour à l'étranger, il ne peut être toléré qu'en dehors du temps de l'épreuve légale, et pour le cas seulement où celle-ci donne des résultats pleinement satisfaisants. Il faut, d'ailleurs, incontestablement, que la conduite du requérant, durant son expatriation, n'ait été l'objet d'aucune remarque défavorable.

En résumé, condamnation exécutée ou remise par voie de grâce, épreuve légale intégralement accomplie, telles sont les conditions sans lesquelles il est absolument impossible de parvenir à la réhabilitation. Mais, à moins de prétendre matérialiser cette haute mesure réparatrice, il convient d'exiger de celui qui en sollicite le bienfait, de plus amples garanties de régénération morale et de sincère amendement. Il ne suffit point, pour la mériter, de n'avoir encouru aucune plainte ; il faut offrir à la société des gages sérieux de retour définitif dans la voie du bien. Cette obligation complémentaire est ainsi déterminée par la circulaire de Son Exc. le Garde des Sceaux, en date du 17 mars 1853, qui a tracé aux magistrats les règles à suivre pour l'instruction des demandes en réhabilitation (1).

« Je ne terminerai point sans appeler votre plus sé-
« rieuse attention sur la nécessité de ne rendre la réha-
« bilitation accessible qu'aux condamnés qui s'en seraient
« réellement montrés dignes. Vous ne vous déterminerez
« donc pas à appuyer de vos conclusions favorables une
« demande en réhabilitation, par cela seul que le récla-
« mant se trouverait remplir effectivement les conditions
« indispensables que la loi exige, et qu'il n'aurait point
« donné lieu à de nouvelles plaintes depuis sa condamna-
« tion : mais vous étudierez l'ensemble et les détails de sa
« vie postérieurement à cette époque, et vous n'accor-
« derez votre appui à ses démarches qu'autant que vous
« aurez reconnu qu'il s'est appliqué avec constance et
« énergie à faire oublier son passé et à mériter de recou-
« vrer les droits de citoyen. Il importe, en un mot, que

(1) Voir Appendice, n° 9.

« la réhabilitation morale précède et justifie la réhabilitation légale. »

Ce dernier mot résume parfaitement les obligations imposées à celui qui prétend à l'honneur de reconquérir, avec la plénitude de ses droits, l'estime et la considération publiques.

CHAPITRE IV.

Des conditions spéciales de la réhabilitation : — 1° En matière criminelle ; — 2° En matière correctionnelle ; — 3° En matière disciplinaire.

L'exécution de la condamnation ou la grâce qui en aurait fait remise, et l'accomplissement intégral de l'épreuve légale exigée par la loi, sont, ainsi qu'il a été expliqué dans le chapitre précédent, les conditions nécessaires de la réhabilitation en toute matière.

En ce qui touche la première de ces conditions, l'exécution ou la remise, par décision gracieuse, de la peine, elle s'impose d'une manière absolument uniforme à tous les demandeurs en réhabilitation, quelle que soit la catégorie à laquelle ils appartiennent. Quant à la seconde, si tous aussi sont tenus de justifier qu'ils ont complétement subi l'épreuve légale, la durée de cette épreuve et les conditions de résidence qui s'y rattachent varient, du moins, selon le caractère et la nature de la peine prononcée.

1. Voyons d'abord ce qui concerne les condamnés en matière criminelle.

Aux termes de l'art. 620 du Code d'instruction criminelle, « la demande en réhabilitation, pour les condamnés à une peine afflictive ou infamante, ne peut être formée que cinq ans après leur libération. »

Cette libération est celle qui résulte de l'expiration de la peine ou de l'acte du Souverain qui en aurait abrégé la durée, puisque, comme on l'a déjà remarqué, les lettres de grâce pleine et entière accordées avant toute exécution, équivalent à la réhabilitation, ou, du moins, la rendent sans objet.

Nulle difficulté, donc, relativement au point de départ du délai d'épreuve en ce qui regarde les peines corporelles.

Pour celles d'une autre nature, le législateur a pris soin aussi, en 1832 et en 1852, de lever les incertitudes qu'avaient fait naître le silence ou l'ambiguïté des textes antérieurs. Ainsi, le même art. 620 ajoute : « Néanmoins, ce délai court au profit du condamné à la dégradation civique du jour où la condamnation est devenue irrévocable, ou de celui de l'expiration de la peine de l'emprisonnement, si elle a été prononcée. »

« Il court, au profit du condamné à la surveillance de la haute police prononcée comme peine principale, du jour où la condamnation est devenue irrévocable. »

Lorsque c'est à titre de peine accessoire que la surveillance est appliquée par les juges, elle n'influe en aucune façon sur le point de départ de l'épreuve, qui court toujours de l'expiration de la peine principale. Il en est de même à l'égard de la surveillance encourue de plein droit, en vertu des art. 47 et suivants du Code pénal, et qui est la conséquence légale, soit d'une condamnation à une peine afflictive ou infamante, soit de crimes ou délits attentatoires à la sûreté de l'État.

Après avoir fixé, dans l'art. 620, la durée de l'épreuve légale pour les condamnés en matière criminelle, le Code détermine (art. 621) les conditions de résidence auxquelles ils sont astreints pendant ladite épreuve. Cet article est ainsi conçu : « Le condamné à une peine afflictive ou infamante ne peut être admis à demander sa réhabilitation, s'il n'a résidé dans le même arrondissement depuis cinq ans et, pendant les deux dernières années, dans la même commune. »

On a vu, au chapitre III, qu'il s'agit ici de la période de temps qui précède immédiatement le dépôt de la demande et non pas seulement d'un séjour total de cinq ans dans le même arrondissement, ou de deux ans dans la même commune. Le texte, au surplus, est assez clair pour qu'il n'y ait pas à insister sur ce point.

La question s'est présentée de savoir si un condamné à une peine infamante, qui, après avoir subi cette peine en partie, a obtenu une commutation en simple emprisonnement correctionnel, est soumis, pour le pourvoi en réhabilitation, aux délais imposés aux condamnés criminels, ou seulement à ceux fixés pour les condamnés correctionnels.

La solution a consacré le premier système. En effet, l'art. 620 porte que le *condamné* à une peine afflictive ou infamante ne peut former sa demande que cinq ans après sa libération. Or, la commutation intervenue après l'exécution partielle de cette peine, n'a rien changé au fait acquis de la *condamnation* à une peine infamante; elle n'a pu avoir de portée rétroactive quant à la partie de la condamnation déjà subie.

Cette solution s'appliquerait même au cas où la commutation aurait été accordée antérieurement à la mise à exécution de l'arrêt de condamnation; car, d'une part, il n'y aurait point à se prévaloir alors de l'avis du Conseil d'État du 8 janvier 1823, qui ne dispense de l'obligation du pourvoi en réhabilitation que les condamnés qui ont obtenu des lettres de *grâce pleine et entière*, et, d'un autre côté, on vient de voir que ce n'est point à la peine *subie*, mais à la peine *prononcée* que se rattache et se proportionne la fixation de la durée de l'épreuve légale.

II. Les conditions de cette épreuve, pour les condamnés correctionnels, sont réglées ainsi qu'il suit, par les mêmes art. 620 et 621 :

« Le délai est réduit à trois ans pour les condamnés à une peine correctionnelle » (art. 620).

« Le condamné à une peine correctionnelle ne peut être admis à demander sa réhabilitation s'il n'a résidé dans le même arrondissement depuis trois ans et, pendant les deux dernières années, dans la même commune » (article 621).

Ces dispositions ne différant de celles relatives aux condamnés en matière criminelle qu'en ce qui touche la durée de l'épreuve légale, il n'y a point lieu de revenir sur les explications précédemment données au sujet du point de départ de cette épreuve et de la période qu'elle embrasse.

Il convient toutefois de faire observer que, si la réhabilitation est sollicitée à la suite d'une simple condamnation à l'amende, la libération ne pouvant résulter que du paiement de cette amende, la demande n'est valablement formée que trois ans après ledit paiement.

Cependant ce principe souffre exception lorsque c'est nonobstant la prescription acquise, et pour être relevé de toute déchéance résultant du fait d'inexécution de la condamnation, que le requérant acquitte volontairement son amende. Lui imposer, dans ce cas, après une épreuve déjà longue (cinq ans au moins), un nouvel ajournement de trois années semblerait excéder, surtout pour une condamnation qui suppose un délit sans gravité réelle, la mesure des garanties nécessaires.

Il est bien évident que si l'amende n'a été prononcée que comme peine accessoire, c'est de l'expiration de la peine principale, opérant effectivement la libération, que court le délai de l'épreuve légale. C'est la conséquence rationnelle de la règle établie pour les peines accessoires par l'art. 620, et qui, dès lors, s'appliquerait également à l'interdiction temporaire de certains droits civiques, civils ou de famille, ajoutés, en vertu de l'art. 42 du

Code pénal, à une condamnation à l'emprisonnement.

III. En matière disciplinaire, c'est-à-dire pour les officiers publics ou ministériels frappés de destitution, les conditions de l'épreuve préparatoire à la réhabilitation sont les mêmes que pour les condamnés correctionnels. L'art. 2 de la loi du 19 mars 1864 est ainsi conçu : « Toutes les dispositions du Code d'instruction criminelle relatives à la réhabilitation des condamnés à une peine correctionnelle, sont déclarées applicables aux demandes formées en vertu de l'art. 1er (1). »

Voici, d'après l'exposé des motifs et le rapport de la commission du Corps législatif chargée de l'examen de ladite loi de 1864, les raisons de l'assimilation dont il s'agit :

« Les garanties qu'il est permis d'exiger, » selon l'organe du Gouvernement, « des officiers publics ou ministériels destitués, qui aspirent à la réhabilitation, ne peuvent être inférieures à celles qui sont prescrites en matière correctionnelle ; ces garanties de résipiscence et de constante moralité ne comportent aucun degré d'atténuation ; réduites, elles deviendraient insuffisantes. — Sans doute, » a dit de son côté le rapporteur de la commission, « il existe de notables différences entre les personnes dont s'occupe le projet et les deux catégories de condamnés auxquelles la loi de 1852 limite son application. Mais si, la plupart du temps, la cause de la destitution n'est pas une violation ouverte de la loi positive, elle est motivée toujours par l'oubli du devoir et de la délicatesse professionnels. Or, quand on se rappelle le privilége qui impose les notaires et les officiers

(1) Loi du 19 mars 1864. Art. 1er. Les notaires, les greffiers et les officiers ministériels destitués peuvent être relevés des déchéances et incapacités résultant de leur destitution.

ministériels à la confiance publique, quand on songe aux garanties de lumières et de moralité que suppose et qu'exige en effet leur nomination, on en vient à juger avec une sévérité légitime les infractions dont ils se rendent coupables, et il semble impossible de ne pas exiger d'eux, en vue de la réhabilitation, des épreuves et des garanties égales, au moins, à celles imposées aux condamnés correctionnels. »

Les conditions de la durée de l'épreuve pour la réhabilitation en matière disciplinaire sont nettement précisées par le paragraphe 1er de l'art. 2 de la loi précitée. Le second paragraphe du même article lève toute difficulté quant au point de départ de cette épreuve ; il porte que : « le délai de trois ans fixé par le dernier paragraphe de l'art. 620 du Code d'instruction criminelle, court du jour de la cessation des fonctions. »

Il reste à déterminer quelles sont les diverses catégories d'officiers publics ou ministériels auxquels s'applique la loi de 1864, et aussi à examiner si toute destitution, abstraction faite de sa forme et du pouvoir qui l'a prononcée, donne lieu à réhabilitation.

La loi dont il s'agit a eu pour objet de combler une lacune regrettable de notre législation et d'en faire disparaître une étrange anomalie résultant de ce que la faculté accordée aux condamnés pour crimes ou délits, de se faire relever par la réhabilitation des incapacités qu'ils ont encourues, n'existait point pour les officiers publics ou ministériels simplement destitués, et que ce seul fait prive, aux termes du décret du 2 février 1852 et de la loi du 4 juin 1853, de leurs droits d'électeurs et de jurés. Se référant donc à ces deux actes législatifs dont elle a emprunté les termes, la loi de 1864, après avoir désigné, spécialement, parmi les officiers publics, les notaires et les greffiers comme seuls appelés à bénéficier de ses dispositions, s'est bornée, pour les officiers ministériels, à les mentionner d'une manière générale sans spécification aucune. Il n'y a point, au surplus, à se méprendre sur le caractère constitutif de l'officier ministériel; c'est le titulaire d'un office à la nomination du Gouvernement, dont le ministère, le plus souvent obligatoire, ne s'exerce, à la différence de celui des officiers publics, que dans un intérêt exclusivement privé. Dans cette classe rentrent les avocats au Conseil d'État et à la Cour de cassation, les avoués près les Cours impériales et les tribunaux civils, les huissiers, les agents de change, les courtiers d'assurances maritimes et les commissaires-priseurs. Mais, malgré certaines similitudes de fonctions, les courtiers de marchandises, dont la profession a été rendue libre par la loi du 18 juillet 1866, les agréés près les tribunaux de commerce, qui ne sont point nommés par le Gouvernement, ni titulaires d'offices, les référendaires au sceau, qui n'ont point non plus de charges légalement transmissibles, ne sont point de véritables officiers ministériels. Les lois précitées de 1852, 1853 et 1864 ne les concernent donc point.

Maintenant, toute destitution, indistinctement, entraîne-t-elle, pour l'officier public ou ministériel qu'elle frappe, les incapacités dont il s'agit, et partant la nécessité, pour en être relevé, de recourir à la réhabilitation ?

Cette question est née tout à la fois de ce que les notaires, les greffiers et les officiers ministériels proprement dits ne sont pas, au point de vue de la destitution, régis par les mêmes principes, et aussi de ce que les termes des articles du décret de 1852 sur les élections, et ceux de la loi de 1853 sur le jury, qui ont fait de la destitution des titulaires d'offices une cause d'incapacité, ne sont point exactement identiques.

On sait que, pour les notaires, considérés comme des fonctionnaires inamovibles, ils ne peuvent être destitués que par des jugements ou arrêts rendus en audience publique (art. 53 de la loi du 25 ventôse an XI); que les greffiers peuvent être destitués par les tribunaux, dans le cas où la destitution est prononcée comme peine par la loi, pour faits de charge, et qu'en outre, ils sont révocables par le Gouvernement, en vertu de l'art. 92 de la loi du 27 ventôse an VIII; enfin, que, quant aux officiers ministériels, leur destitution est l'œuvre complexe et collective de la chambre de discipline qui émet un avis, du tribunal réuni en chambre du conseil, qui l'apprécie, du Garde des Sceaux, qui l'adopte ou le repousse et le fait sanctionner, s'il y a lieu, par un décret de l'Empereur (loi du 30 mars 1808, art. 103).

Mais le droit du ministre de la Justice ne se borne pas à homologuer les avis tendant à destitution ; ce ministre est un véritable grand-juge en matière de discipline ; il statue, aux termes du décret de 1808, sur les réclamations et plaintes et prononce la destitution, s'il y a lieu; d'où la conséquence que, maître d'effacer la destitution là où l'avis la provoque, il peut la substituer à une peine moindre et même l'infliger *proprio motu* à l'officier ministériel que la juridiction disciplinaire aurait épargné complétement.

Or, tandis que la loi de 1853 déclare incapables d'être jurés « les notaires, greffiers et officiers ministériels *destitués* », le décret du 2 février 1852, reproduisant les termes de la loi du 31 mai 1850, ne frappe de l'incapacité électorale que « les notaires, greffiers et officiers ministériels *destitués en vertu de jugements ou décisions judiciaires*. » Rien, cependant, dans l'exposé des motifs, le rapport et la discussion de la loi de 1853, ne révèle une pensée différente de celle dont s'était inspiré le législateur en 1850 et en 1852.

La commission du Corps législatif, chargée de l'examen de la loi de 1864, s'est demandé, dès lors, si la destitution *proprio motu* que le ministre est autorisé à décréter en certains cas, suffirait, comme le ferait supposer le texte de la loi de 1853, à engendrer des incapacités entraînant la nécessité du recours en réhabilitation, ou si cette conséquence ne serait produite que par la destitution *en vertu de jugements ou décisions judiciaires*, selon les termes des lois et décret relatifs aux élections.

Ainsi posée, la question ne comportait point les développements auxquels elle a donné lieu dans le rapport de la commission et dans la discussion en séance publique, car le ministre de la Justice n'a jamais prétendu que la destitution *proprio motu*, c'est-à-dire celle qui est prononcée par décret impérial sur simple rapport ministériel et sans instruction préalable devant le tribunal, eût le caractère d'une décision judiciaire et pût entraîner une incapacité quelconque.

Mais il s'agissait de savoir ce qu'il faut entendre par ces expressions : *décision judiciaire*. Sur ce point, les commissaires du Gouvernement ont déclaré qu'il y avait décision judiciaire toutes les fois que le décret de destitution avait sa source, s'était trempé dans un procès disciplinaire poursuivi judiciairement, le tribunal eût-il été d'avis que l'officier ministériel ne méritait aucune peine. Cette opinion, reposant en partie sur l'autorité d'un arrêt de la chambre des requêtes, du 14 août 1850, rendu en matière électorale, et qui qualifie de décision judiciaire la révocation d'un officier ministériel intervenue à la suite d'un jugement disciplinaire ne prononçant que la suspension, n'a pas été partagée par la commission et a été combattue par quelques membres. Toutefois, la Chambre, sans vouloir se prononcer formellement sur une question qui se rapportait plutôt à l'interprétation de lois antérieures qu'à celles dont elle avait à s'occuper, a paru donner son adhésion à la pensée du Gouvernement.

Quoi qu'il en soit, au surplus, si la loi électorale n'attache d'incapacité qu'à une destitution prononcée en vertu de jugement ou décision judiciaire (quelque sens qu'on doive attribuer à ces derniers termes), la loi sur le jury fait découler une déchéance de toute destitution quelconque et confère, dès lors, au Gouvernement un pouvoir plus étendu que celui qu'il revendique lui-même. Or, dès qu'il y a incapacité ou déchéance, le recours en réhabilitation est ouvert. La question soulevée au Corps législatif n'a donc point d'intérêt réellement pratique, et il demeure avéré que, quel qu'ait été le mode de leur révocation, les notaires, greffiers ou officiers ministériels destitués, sont tenus de se faire réhabiliter pour rentrer en possession de la plénitude de leurs droits.

CHAPITRE V.

Des règles et formes de la procédure en réhabilitation.

Le condamné qui réunit les conditions spécifiées aux chapitres précédents et qui aspire à la réhabilitation, doit adresser sa demande au procureur impérial de l'arrondissement dans lequel il réside. C'est la prescription textuelle de l'art. 622 du Code d'instruction criminelle.

Cette demande est nécessairement un acte tout personnel de celui qu'elle intéresse; elle ne peut donc émaner d'un tiers, fût-ce même le parent le plus proche du condamné, et elle doit être, au moins, signée par celui-ci. S'il est dans l'impossibilité absolue de donner sa signature, cette formalité peut être suppléée par une déclaration explicite du maire, du juge de paix ou du commissaire de police.

La demande, aux termes de l'article précité, fait connaître : 1° la date de la condamnation ; 2° les lieux où a résidé le requérant depuis sa libération.

En dehors de ces indications indispensables, il est utile que le demandeur énonce sa profession, sa situation de famille, le lieu où il a subi sa peine, les différents domiciles qu'il a pu avoir successivement dans la même ville, et, s'il y a lieu, le but spécial qu'il se propose en poursuivant sa réhabilitation, de même que les actes méritoires qu'il serait à même d'invoquer comme titres particuliers à cette haute faveur. Il importe surtout qu'il s'abstienne de toute critique de la sentence qui l'a frappé. La pleine soumission à l'autorité de la chose jugée est le premier devoir de celui qui revendique les droits qu'une condamnation lui a fait perdre.

La demande, enfin, doit être rédigée sur timbre, comme toutes les pièces que le condamné est tenu de produire lui-même et dont voici l'énumération d'après l'art. 623 du Code d'instruction criminelle et la circulaire du 17 mars 1853 :

1° La quittance (à moins de remise totale par décision gracieuse) de l'amende, s'il en a été prononcé, et, dans tous les cas, celle des frais de justice (il n'y a point, quant à ces frais, à prévoir l'éventualité de leur remise, puisqu'elle ne peut être accordée à aucun titre) ;

2° La quittance des dommages-intérêts qui ont pu être alloués à la partie civile, ou l'acte constatant la remise que celle-ci en aurait consentie.

A défaut des pièces ci-dessus indiquées, le réclamant devrait produire, sauf en ce qui touche les frais, un certificat établissant qu'il a subi le temps de contrainte par corps déterminé par la loi, ou encore, s'il s'agit de dommages-intérêts, la déclaration de la partie civile qu'elle entend renoncer à ce moyen d'exécution.

3° Dans le cas où le demandeur en réhabilitation aurait été condamné pour banqueroute frauduleuse, la quittance du passif de la faillite en capital, intérêts et frais, ou l'acte de remise qu'en aurait accordée la masse des créanciers.

Ces pièces sont, avec celles constatant la réparation du préjudice causé, les seules que le requérant ait à joindre à la demande qu'il adresse au procureur impérial, et ce magistrat ne doit en accepter de lui aucune autre.

C'est en vertu d'une innovation de la loi actuelle que le procureur impérial procède maintenant à l'instruction des demandes en réhabilitation. Le soin de réunir les pièces justificatives de ces sortes de demandes incombait précédemment aux parties elles-mêmes. L'innovation dont il s'agit a eu pour but tout à la fois d'entourer de garanties plus sérieuses l'instruction de ces affaires et d'épargner aux réclamants des déboursés qui, pour plusieurs, au moins, eussent pu être de réels obstacles à la réalisation de leurs vœux. Il importe donc essentiellement que le procureur impérial se procure directement et sans la participation du demandeur, les pièces que la loi ou les instructions de la Chancellerie le chargent de recueillir.

Ces pièces, dont le coût est imputable sur les frais généraux de justice criminelle et reste définitivement à la charge du Trésor, sont, d'ailleurs, dispensées de la formalité du timbre, d'après l'art. 16 de la loi du 13 brumaire an VII.

Les premières que le magistrat instructeur doive se faire délivrer sont l'acte de naissance du requérant et l'extrait de son casier judiciaire. Ce n'est point la loi qui en exige la production ; ce sont les prescriptions ministérielles. L'expérience a démontré que l'une et l'autre sont indispensables, au début de l'instruction, non-seulement pour bien établir l'identité du condamné, mais aussi et surtout pour constater exactement sa situation judiciaire et déterminer ainsi, avec les bases mêmes de la réhabilitation, le point de départ de l'enquête qui doit la préparer. Il se pourrait, en effet, que le demandeur eût intérêt à dissimuler des antécédents qu'il jugerait de nature à faire repousser sa requête. Peut-être même, sans intention coupable, croirait-il superflu de rappeler des condamnations n'entraînant point d'incapacités légales et auxquelles, dès lors, la réhabilitation lui paraîtrait sans application possible.

Le casier déjoue, dans le premier cas, le calcul artificieux du requérant, de même qu'au second, il permet de remédier à son erreur.

D'après le principe posé par l'arrêt de la Cour de cassation du 27 avril 1865 qui a décidé, comme on l'a vu précédemment, que la réhabilitation n'est point subordonnée aux conséquences matérielles de la condamnation, il est manifeste qu'à l'égard d'un individu frappé par divers arrêts ou jugements, la réhabilitation, pour être complète, doit porter sur tous indistinctement, qu'ils aient, ou non, produit des déchéances, et que le dernier est toujours et, en tout cas, le point de départ des délais de l'épreuve légale. Cela est si vrai que la découverte, postérieurement à l'avis de la chambre d'accusation, d'une condamnation n'entraînant même aucune incapacité légale, qui serait restée en dehors de l'instruction, nécessiterait une information complémentaire constatant, au moins, l'exécution de cette condamnation ou la grâce qui en aurait fait remise, et une nouvelle délibération de la Cour la visant expressément.

Avec le casier, cette complication est facilement prévenue et l'instruction remontant tout dabord à la première condamnation prononcée, embrasse, sans interruption, l'ensemble du temps écoulé depuis cette condamnation jusqu'à la demande formée à la suite de la plus récente.

La réhabilitation étant indivisible dans ses effets, la requête présentée par un officier public ou ministériel afin d'être relevé des incapacités résultant tout à la fois d'une condamnation criminelle ou correctionnelle et de la destitution qui l'aurait frappé, ne doit faire l'objet que d'une seule et même instruction ne donnant lieu qu'à une délibération unique de la Cour, comme à une décision de l'Empereur statuant sur le tout.

Si deux ou plusieurs individus, placés sous le coup d'une même condamnation, et habitant le même arrondissement, se pourvoient simultanément en réhabilitation, il convient, dans un intérêt de simplification et d'économie, de ne procéder qu'à une instruction pour tous. On évite ainsi la production multiple de certaines pièces, telles que l'expédition de l'arrêt ou jugement, la quittance des amendes et frais, la justification du dédommagement de la partie lésée, l'inventaire du dossier; de même que le rapport et l'avis du magistrat instructeur, les conclusions du procureur général et la délibération de la Cour peuvent, dans un même contexte, pour chacun de ces actes, s'appliquer aux différents demandeurs.

Fixé par l'examen du casier sur la situation judiciaire du requérant, le procureur impérial se fait remettre (art. 625 du Code d'instruction criminelle) une expédition de l'arrêt ou jugement de condamnation, et, en cas de pluralité, de chacun des arrêts ou jugements intervenus. L'expédition dont il s'agit doit, aux termes de la circulaire de 1853, contenir, comme la minute même, la mention des décisions gracieuses dont le condamné a pu être l'objet, et, s'il y a eu appel, elle est nécessairement accompagnée de celle de l'arrêt qui a statué sur cet appel.

En vertu du même article 625, commenté par la circulaire précitée, le procureur impérial recueille, en outre, un extrait des registres des lieux de détention où la peine a été subie, lequel extrait constate la conduite du condamné, la date de l'écrou et celle de sa radiation.

Au cas de perte ou destruction desdits registres, la justification de l'exécution de la peine pourrait être faite par tout autre genre de preuve, même par la preuve testimoniale, administrée dans des conditions de sincérité rassurantes.

Le procureur impérial provoque ensuite, conformément aux prescriptions de l'art. 624, les attestations de chacun des conseils municipaux des communes où le condamné a résidé depuis sa libération.

C'est par l'intermédiaire du sous-préfet et non directement par le procureur impérial, que les conseils municipaux sont convoqués à cet effet. A Paris, le préfet de la Seine délivre, pour le conseil municipal, les attestations dont il s'agit; l'organisation particulière dudit conseil et l'extrême difficulté, pour ses membres, de se procurer personnellement des renseignements certains sur le compte des réclamants, ont paru légitimer ce procédé exceptionnel.

Les attestations des conseils municipaux doivent, pour remplir le vœu de la loi, être des actes délibérés, c'est-à-dire arrêtés, signés en commun et insérés aux registres.

Elles font connaître, aux termes dudit art. 624: 1° la durée de la résidence du condamné dans la commune, avec indication du jour où cette résidence a commencé et de celui auquel elle a pris fin; 2° sa conduite durant cet intervalle; 3° ses moyens d'existence pendant le même temps. Enfin elles doivent mentionner expressément qu'elles ont été rédigées pour servir à l'appréciation de la demande en réhabilitation.

Par cette dernière prescription, le législateur a eu en vue de fixer l'attention des conseillers municipaux sur l'important objet de leur délibération, et d'obtenir ainsi, de leur part, des déclarations d'autant plus consciencieuses qu'ils sont à même d'en apprécier la portée. Mais s'il est indispensable que la mention dont il s'agit soit expresse, il n'y a point de formule rigoureuse à ce sujet. Il suffit, par exemple, que l'attestation constate que le conseil municipal qui l'a délivrée, avait été spécialement convoqué à l'occasion de la demande en réhabilitation de celui qu'elle concerne. Il en est de même pour la justification de la résidence dans la commune; bien que le texte de la loi semble exiger la fixation précise des jours de l'arrivée et du départ, cette fixation peut être suppléée par toute autre indication équivalente ne laissant subsister aucun doute sur la durée du séjour. Ainsi, à l'égard d'un individu qui n'aurait quitté sa localité que pour subir sa peine ou servir dans l'armée, nulle difficulté d'admettre une attestation portant qu'en dehors du temps passé en prison ou sous les drapeaux, le requérant a toujours conservé le même domicile. Pour la spécification des moyens d'existence encore, la simple désignation de la profession ou de la qualité du requérant peut, dans la plupart des cas, tenir lieu de détails plus complets. Mais, quant à la conduite, les renseignements ne sauraient être trop explicites ; c'est là le point capital de la délibération du conseil municipal qui, sans avoir d'avis à émettre sur l'admissibilité de la demande, est appelé à fournir l'un des éléments d'appréciation les plus propres à influer sur l'opinion des magistrats et la décision à intervenir.

Toutefois, c'est uniquement de la conduite tenue sous ses yeux dans la commune et postérieurement à la condamnation, que le conseil municipal doit se préoccuper. Des antécédents fâcheux, l'état de récidive même, ne suffiraient pas à motiver, de sa part, une attestation défavorable si, depuis son retour, le libéré n'a donné aucun nouveau sujet de plainte. C'est à la Cour principalement qu'il appartient de jeter, d'après les résultats de l'enquête, une vue d'ensemble sur la vie du requérant, et de déclarer, à la suite de cette investigation, s'il lui paraît présenter les garanties nécessaires pour rentrer dans la plénitude de ses droits. Lorsque l'avis de la Cour, à cet égard, est affirmatif, le même droit s'exerce, en dernier ressort, par le Souverain, qui accorde ou refuse la réhabilitation.

Le procureur impérial prend, en outre, directement l'avis des maires des communes et des juges de paix des cantons où le condamné a résidé ainsi que celui du sous-préfet de chaque arrondissement (art. 624, dernier paragraphe).

En ce qui touche l'avis du maire, non-seulement il doit être distinct de l'attestation du conseil municipal, qu'il est destiné à contrôler au besoin, mais il est nécessairement confidentiel, et ne peut revêtir la forme d'un certificat banal de bonnes vie et mœurs. C'est par lettre qu'il doit être adressé au procureur impérial personnellement. Il en est de même de l'avis du sous-préfet.

L'impossibilité absolue de produire les justifications exigées par l'art. 624 pour un séjour remontant à une époque éloignée et d'une durée relativement courte dans une des localités qu'aurait habitées le demandeur n'est point de nature à entraver la marche de l'affaire, lorsqu'il y est en partie suppléé par des équivalents, et que la situation est, d'ailleurs, pleinement favorable.

Pour le temps passé sous les drapeaux ou à la mer, depuis la libération du condamné, les certificats des chefs de corps ou des commissaires de l'inscription maritime tiennent lieu des attestations qui viennent d'être énumérées. Le procureur impérial réclame directement ces certificats des chefs de corps ou commissaires, ou des ministres dont ils dépendent.

Quant au séjour à l'étranger en dehors de la durée de l'épreuve légale, les justifications qui s'y rapportent doivent être demandées à M. le ministre des Affaires étrangères par l'intermédiaire de M. le Garde des Sceaux. A cet effet, le magistrat instructeur adresse à la Chancellerie une note indiquant exactement la date du départ de France et du retour du libéré, ainsi que les pays où il a résidé pendant son absence du territoire de l'Empire. La réponse à cette note est transmise au parquet dès que les renseignements réclamés ont pu être réunis. L'insuffisance de ces renseignements, la plupart du temps fort difficiles à recueillir, ne serait un motif de repousser la demande qu'autant que l'épreuve subie en France n'aurait pas été parfaitement satisfaisante.

L'instruction devenue ainsi complète par la collection de toutes les pièces dont l'énumération vient d'être indiquée, le procureur impérial adresse ces pièces avec son avis au procureur général (art. 625 du Code d'instruction criminelle).

Les informations défavorables qui auraient pu lui être fournies par l'une ou même par plusieurs des autorités qu'il avait le devoir de consulter, ne l'autoriseraient point à suspendre cette communication, ni, à plus forte raison, à s'en dispenser. L'instruction a dû se poursuivre, quels qu'en aient été les premiers résultats, dans les conditions déterminées par la loi, et c'est à la Cour qu'il appartient d'en apprécier l'ensemble et la suite qu'elle peut comporter.

L'avis du procureur impérial doit être motivé et précédé d'un rapport retraçant, avec les causes de la condamnation, toutes les circonstances de l'affaire.

De même que c'est le procureur impérial de l'arrondissement dans lequel le requérant a sa résidence qui est compétent pour procéder à l'instruction de la demande en réhabilitation ; de même, c'est la Cour dans le ressort de laquelle se trouve cette résidence qui est appelée à statuer sur le résultat de ladite instruction. A cet effet, le procureur général fait, au greffe de cette Cour, le dépôt des pièces qu'il a reçues de son substitut (art. 626 du Code d'instruction criminelle).

L'article suivant (627) veut que, dans les deux mois du dépôt, l'affaire soit rapportée à la chambre d'accusation.

Dans les Cours des colonies qui n'ont point de chambre d'accusation, c'est la chambre criminelle qui doit être saisie. L'avis de la Cour est indispensable, et ne pourrait être suppléé par celui du procureur général, lors même que ce magistrat aurait, d'ailleurs, exceptionnellement les attributions de la chambre d'accusation. Le procureur général est tenu, en effet, aux termes du même article, de donner ses conclusions motivées et par écrit; son rôle est donc tout à fait distinct de celui de la Cour; il ne peut être en même temps juge et partie.

L'art. 627 lui confère le droit de requérir, en tout état de cause, de nouvelles informations et autorise la Cour à les ordonner, même d'office, sous la seule réserve qu'il ne pourra en résulter un retard de plus de six mois.

En dehors de ces informations supplémentaires, judiciairement requises ou prescrites, il appartient toujours au procureur général de faire lui-même compléter, avant le dépôt de ses conclusions, des justifications qui lui paraîtraient insuffisantes et de nature à entraver la décision à intervenir.

L'enquête ainsi achevée, la Cour, aux termes de l'article 628, donne, le procureur général entendu, son avis motivé. Toutefois, si la Cour reconnaissait que la demande en réhabilitation a été formée, instruite et soumise à son examen avant l'expiration des délais légaux ou l'accomplissement d'une des conditions exigées par le Code d'instruction criminelle, elle devrait surseoir à statuer, et l'affaire ne pourrait revenir devant elle qu'après régularisation complète et instruction renouvelée au besoin.

L'avis que la Cour est appelée à émettre n'a point le caractère d'un arrêt; c'est un simple acte judiciaire; la jurisprudence de la Cour de cassation est formelle à cet égard (1). Néanmoins cet avis a une importance majeure, quelquefois même décisive, comme on le verra ci-après. Il faut donc qu'il soit, non-seulement motivé, mais net et concluant. Ainsi, la déclaration de la Cour qu'elle ne s'oppose point à la réhabilitation, ne répondrait évidemment point au vœu de la loi.

Si l'avis est favorable, il est, avec les pièces produites, transmis par le procureur général, et dans le plus bref délai possible, au ministre de la Justice (art. 630 du Code d'instruction criminelle).

Le dossier comprend alors tout à la fois les pièces recueillies par le procureur impérial instructeur et celles qu'y a ajoutées le parquet de la Cour, notamment les conclusions du procureur général; en cas d'informations supplémentaires, le réquisitoire qui les aurait provoquées, l'arrêt les ordonnant, les pièces les constatant ou s'y rattachant ; enfin, l'avis de la Cour et l'inventaire détaillé et complet de toute cette procédure. Le procureur général joint à son envoi un rapport d'ensemble rappelant succinctement les causes de la condamnation, les phases diverses de l'instruction et son avis définitif sur l'admissibilité de la demande.

Le Garde des Sceaux est autorisé, par l'art. 630, à consulter la Cour ou le tribunal qui a prononcé la condamnation.

Cette faculté s'applique au cas où, par suite du déplacement du libéré, l'instruction de sa demande s'est faite dans un ressort autre que celui où il avait été condamné.

Dans la pratique, elle s'exerce toujours, en pareille occurrence; mais ce n'est point précisément l'avis de la

(1) Voir Appendice, nos 10 et 11.

Cour ou du tribunal d'où émane la condamnation, qui est demandé : c'est celui du procureur général du ressort.

De même, si le jugement a été rendu par l'une des juridictions militaire ou maritime, le ministre de la Guerre ou celui de la Marine est invité à donner son opinion. Indépendamment de la faculté dont il s'agit, et qu'à défaut du texte légal qui la lui attribue expressément, le Garde des Sceaux puiserait dans le devoir de s'entourer de toutes les lumières propres à éclairer sa détermination personnelle sur la proposition qu'il doit soumettre ultérieurement à l'Empereur, l'art. 441 du même Code lui confère un droit qui lui permet d'intervenir presque toujours utilement auprès des Cours elles-mêmes, lorsque leurs avis se trouvent irréguliers, incomplets ou entachés d'illégalité. D'après cet article, il appartient au ministre de la Justice de déférer à la censure de la Cour de cassation de tels avis qui, sans avoir, comme on l'a vu, le caractère d'arrêts, sont des actes judiciaires. Or, avant d'user d'un droit dont l'exercice ne saurait être trop discrètement ménagé dans l'intérêt de la dignité des grands corps de magistrature, le ministre a incontestablement le pouvoir de signaler aux Cours impériales les irrégularités qu'il aurait été à même de constater dans leurs avis, et de provoquer, de leur part, de nouvelles délibérations pour les rectifier.

Cet appel officieux à un examen réitéré de l'affaire a, non-seulement l'avantage de fournir aux Cours les moyens d'éviter la censure publique de la Cour suprême, mais aussi celui de servir les intérêts des requérants, en facilitant la levée des obstacles qui s'opposeraient à l'admission de leurs demandes, ou, tout au moins, en retarderaient le succès.

En effet, le pourvoi réservé au Garde des Sceaux, dans

l'intérêt de la loi, en supposant même qu'il pût profiter aux parties elles-mêmes, entraînerait nécessairement des lenteurs considérables, tandis qu'en consentant à reviser leur première délibération et à la modifier en ce qu'elle a de défectueux, les Cours peuvent simplifier et hâter singulièrement la solution à intervenir.

Quant au pourvoi des parties, c'est une hypothèse inadmissible ; car la Cour de cassation (1) leur dénie absolument, à l'égard de simples avis qui n'ont rien de définitif, ce droit de recours, qu'elles ne peuvent exercer que contre des arrêts ou jugements en dernier ressort.

L'affaire en état, le Garde des Sceaux en fait, aux termes de l'art. 631 du Code d'instruction criminelle, rapport à l'Empereur, qui statue souverainement, et ce, dans le cas même où le ministre croirait devoir conclure au rejet de la demande.

En cas d'admission, des lettres de réhabilitation sont expédiées (art. 632 dudit Code). Elles sont signées par l'Empereur, contre-signées par le ministre et revêtues du sceau de l'État (2). Ces lettres sont adressées à la Cour qui a délibéré l'avis. Une copie authentique en est transmise à la Cour ou au tribunal qui a prononcé la condamnation, pour être transcrite en marge de la minute de l'arrêt ou du jugement (art. 633, *ibid.*).

Indépendamment de cette transcription ordonnée par la loi, les lettres de réhabilitation sont encore, par mandement exprès de l'Empereur, transcrites sur les registres de la Cour qui a délibéré l'avis.

A cet effet, la Chancellerie, qui a expédié les lettres, les

---

(1) Arr. de cass. des 1er septembre 1853 ; 21 avril 1855 ; 18 janvier 1867. - Appendice, nos 10, 11 et 12.

(2) Appendice, n° 13.

transmet au procureur général près cette dernière Cour. Si la condamnation est intervenue dans son ressort, c'est ce magistrat qui doit faire procéder directement à la double transcription dont il s'agit. Dans le cas contraire, il n'est chargé que de la seconde; mais il fait dresser, pour la première, la copie authentique destinée à la Cour ou au tribunal qui a statué, et la lui fait parvenir. Cet envoi, pour les affaires jugées par les tribunaux ordinaires, se fait au procureur général du lieu de la condamnation, et, pour celles ressortissant aux juridictions militaires ou maritimes, au commissaire impérial exerçant les fonctions du ministère public près ces juridictions. Si l'arrêt ou jugement a été rendu dans une colonie autre que l'Algérie, la transmission doit s'effectuer par l'entremise du ministre de la Marine.

L'officier du parquet près la Cour ou le tribunal qui a prononcé la condamnation, fait opérer au greffe la transcription prescrite par l'art. 633.

Au cas de réhabilitation intervenue, en matière disciplinaire, à la suite de destitution prononcée par décret, c'est aux archives de la Chancellerie que se fait la transcription sur la minute du décret; le procureur général est chargé de celle à consigner en marge du jugement qui a provoqué, explicitement ou non, la destitution.

Pour la transcription qui doit être faite sur les registres de la Cour qui a délibéré l'avis, transcription qui équivaut à un entérinement, elle nécessite l'intervention de la Cour elle-même. Dans la plupart des cas, la lecture des lettres de réhabilitation se fait, à l'audience publique de la première chambre, en présence de l'impétrant préalablement averti et mandé à cet effet. Il ne conviendrait de réunir, pour cet objet, la Cour en audience solennelle qu'exceptionnellement, soit à raison de l'importance de l'affaire, soit à cause de l'intérêt mérité qui s'attacherait à l'impétrant et justifierait un appareil inusité.

Il est bien évident, en tout cas, que, si l'impétrant était décédé avant l'accomplissement de la formalité dont il s'agit, elle deviendrait sans utilité, puisqu'ainsi qu'on l'a vu précédemment, la réhabilitation ne peut, comme la révision, s'appliquer à la mémoire du condamné.

Le procureur général doit encore, après l'entérinement des lettres de réhabilitation, prendre les mesures nécessaires pour que mention soit faite de la réhabilitation au casier judiciaire de l'impétrant. Toutefois, lorsque celui-ci est né en pays étranger ou aux colonies, ou que le lieu de sa naissance n'est pas positivement connu, c'est la Chancellerie, dépositaire du casier de ces diverses catégories d'individus, qui se charge de la mention.

Les lettres de réhabilitation sont déposées au greffe de la Cour. Si l'intéressé en réclame une expédition, elle lui est délivrée sans frais.

Quant aux pièces justificatives de la demande, elles restent à la Chancellerie et ne doivent point être distraites du dossier. Celles, cependant, dont la production n'est point exigée par la loi même, et qui ont été fournies par le requérant, telles que certificats, états de services, actes de l'état civil ou notariés, papiers de famille, quittances autres que celles des condamnations pécuniaires, peuvent, s'il le désire, lui être rendues sur son récépissé.

Telles sont les règles relatives au cas d'avis favorable de la Cour et d'admission par l'Empereur de la demande en réhabilitation.

Mais, si, contrairement à l'avis des magistrats, l'Empereur refuse la réhabilitation, la Cour, en supposant le requérant toujours domicilié dans son ressort, est nécessairement appelée à statuer sur la demande renouvelée et itérativement instruite à l'expiration du délai d'ajournement.

L'avis de la Cour est, en effet, le complément indispensable de toute instruction en matière de réhabilitation. La conduite du requérant, d'ailleurs, a pu se modifier dans l'intervalle écoulé depuis le rejet de sa première demande; les nouveaux renseignements recueillis, la décision de l'Empereur, sont de nature à influer sur l'opinion des membres de la chambre d'accusation renouvelés eux-mêmes; il faut donc que cette opinion soit formulée à nouveau. Et puis, faire revivre, après la seconde instruction, une délibération antérieure que le Souverain n'avait pas jugée admissible d'après les éléments d'appréciation qui en formaient la base, ne serait-ce point manquer de déférence envers lui?

Lorsque c'est l'avis de la Cour qui repousse la demande en réhabilitation, l'affaire n'est point soumise à la décision de l'Empereur. L'art. 629 du Code d'instruction criminelle porte qu'en ce cas, une nouvelle demande ne peut être formée avant l'expiration d'un délai de deux ans.

Toutefois, pour qu'il en soit ainsi, il faut que la délibération de la Cour soit motivée et régulière à tous les points de vue.

Dans cette hypothèse, les pièces du dossier ne sont même pas transmises à la Chancellerie ; elles restent déposées au greffe, et le parquet n'a d'autre devoir que d'informer le Garde des Sceaux et le postulant de la décision intervenue, en prévenant, d'ailleurs, ce dernier du délai que la loi lui impose pour renouveler sa demande. Ce même délai s'observe lorsque c'est par l'Empereur que la requête a été rejetée.

L'examen achevé des formes de la procédure en réhabilitation, il reste à déterminer les effets et conséquences de cette mesure de justice gracieuse. C'est l'objet du chapitre suivant et dernier.

CHAPITRE VI.

Des effets légaux de la réhabilitation.

Aux termes de l'art. 634 du Code d'instruction criminelle, « La réhabilitation fait cesser, pour l'avenir, dans « la personne du condamné, toutes les incapacités qui « résultaient de la condamnation. »

La loi n'a apporté à ce principe qu'une seule exception, qui est ainsi formulée par le second paragraphe du même article : « Les interdictions prononcées par l'art. 612 du « Code de commerce sont maintenues, nonobstant la réhabilitation obtenue en vertu des dispositions qui précèdent. »

L'art. 612 du Code de commerce exclut, on le sait, les banqueroutiers frauduleux du bénéfice de la réhabilitation commerciale. Le législateur de 1852, en déterminant, par l'art. 623, à quelles conditions le banqueroutier frauduleux pourrait être relevé des déchéances et incapacités résultant de sa condamnation, n'a pas voulu que la moindre confusion pût s'établir entre la réhabilitation réglée par le Code d'instruction criminelle et la réhabilitation en matière de commerce. La première rend au banqueroutier les droits dont l'avait privé l'arrêt de la Cour d'assises, mais elle le laisse, pour le surplus, sous l'empire des lois commerciales. C'est un criminel, ce n'est point un commerçant réhabilité. Le commerce rejette absolument de son sein le négociant condamné pour crime ou délit contre la probité; c'est la portée textuelle de l'art. 612 précité, qui ne s'applique pas seulement au banqueroutier, mais au voleur, à l'escroc, au mandataire infidèle, au stellionataire. Or, la réhabilitation, obtenue en matière criminelle, n'efface ni le crime, ni la condamnation, mais uniquement les incapacités qui en découlent directement. Ainsi se trouvent maintenues les sages distinctions réglées par les Codes de commerce et d'instruction criminelle.

Les incapacités qui résultent directement de la condamnation et que la réhabilitation fait cesser pour l'avenir seulement (les effets produits antérieurement pour la société ou pour les tiers, leur restant définitivement acquis), sont, en matière criminelle, celles définies par les art. 28, 29, 31, 34, 47 et 48 du Code pénal, et, de plus, pour les condamnés à perpétuité, celles que l'art. 3 de la loi du 31 mai 1854 a substituées à la mort civile.

En matière correctionnelle, ce sont, outre celles énumérées dans l'art. 42 du Code pénal et qui constituent la peine spéciale de l'interdiction temporaire de certains droits civiques, civils ou de famille, que les juges peuvent appliquer en tout ou en partie, suivant les cas (1), les incapacités perpétuelles portées par les art. 171 et 175 du même Code, contre les comptables ou les fonctionnaires coupables de malversations ; celle qui exclut de l'armée, aux termes de l'art. 2 de la loi du 21 mars 1832, tout individu condamné à deux ans d'emprisonnement avec surveillance et interdiction des droits civiques ; l'incapacité de servir dans la garde nationale, que les art. 13 de la loi du 22 mars 1831 et 9 de celle du 13 juin 1851 attachent à certaines condamnations correctionnelles ; celle de tenir école ou même d'y être employé, résultant, d'après l'art. 26 de la

(1) Voir notamment les art. 86, 89, 91, 109, 112, 113, 123, 142, 143, 155, 156, 158, 160, 174, 185, 197, 228, 241, 251, 305, 309, 335, 362, 363, 364, 366, 387, 388, 389, 399, 400, 401, 405, 406, 410, 418 du Code pénal.

loi du 15 mars 1850, de toute condamnation pour faits contraires aux mœurs ou à la probité; l'interdiction du vote dans les élections et celle de concourir à la formation du jury, que les art. 15 et 16 du décret du 2 février 1852 et l'art. 2 de la loi du 4 juin 1853 prononcent comme peines accessoires contre une nombreuse catégorie de condamnés correctionnels ; celle de se présenter à la Bourse, d'exercer les fonctions d'agent de change ou de courtier, et de voter dans les assemblées de commerçants, qui, selon les dispositions de l'art. 57 de la loi du 28 avril 1816, peut être appliquée par les juges aux complices du délit de contrebande; celle édictée par l'art. 283 du Code de procédure civile, qui permet de reprocher, comme témoin, tout condamné pour vol; enfin, celle qui découle de la surveillance de la haute police et qui est une véritable incapacité de locomotion.

Les incapacités que fait cesser la réhabilitation sont donc celles qui sont les conséquences directes et immédiates de la condamnation. Mais la réhabilitation ne réintègre point l'impétrant dans les fonctions, grades, honneurs ou dignités dont il pouvait se trouver investi au moment où il a été frappé par la justice. A moins, en effet, de considérer, contre toute évidence, le temps d'incapacité légale qui a séparé la condamnation de la réhabilitation, comme une période de simple suspension de l'exercice des fonctions ou de la jouissance des honneurs et dignités qui appartenaient à l'impétrant, il faut bien reconnaître que ces avantages ont été perdus définitivement pour lui par le fait de sa condamnation. D'ailleurs, la réintégration a un effet rétroactif qui échappe nécessairement à la réhabilitation, puisque, comme on l'a vu, c'est seulement pour l'avenir que la loi confère à cette dernière mesure son efficacité. Le réhabilité redevient habile à exercer les droits de citoyen ; il ne reprend point les emplois, titres ou décorations qu'il avait pu posséder avant sa condamnation et qu'elle lui a enlevés. Seulement, remis en pleine jouissance de ses droits civiques, il est apte à obtenir de nouvelles fonctions, de nouveaux honneurs qui n'auraient pu lui être accordés durant son incapacité légale.

La réhabilitation concédée par le Souverain, après l'instruction prescrite par la loi, est désormais inattaquable et produit tous ses effets légaux, lors même qu'on viendrait postérieurement à reconnaître que l'une des conditions légalement exigées n'aurait pas été exactement remplie.

Mais le récidiviste, exclu de la réhabilitation par l'article 634, à raison de deux condamnations pour crimes à des peines infamantes, et qui, par suite de la dissimulation de l'une de ces condamnations, aurait été illégalement réhabilité, devrait-il perdre le bénéfice de la faveur ainsi subrepticement obtenue ? L'affirmative ne saurait être douteuse, et ce résultat se produirait même forcément sans qu'il fût nécessaire de rapporter expressément les lettres de réhabilitation. En effet, la réhabilitation ne pouvant effacer que les incapacités résultant de la condamnation qui, seule, a fait l'objet de la demande, de l'instruction préparatoire et de la décision du chef de l'État, l'impétrant resterait évidemment soumis aux mêmes incapacités, par suite de l'autre condamnation qui les entraîne également.

Que si, en dehors du cas d'exclusion prévu par l'article précité, la condamnation non relatée dans les lettres de réhabilitation était simplement correctionnelle, la réhabilitation ne laisserait subsister que les déchéances propres à cette seule condamnation et conserverait sa valeur pour le surplus.

Une dernière observation à consigner dans ce chapitre,

c'est que la réhabilitation n'a point, comme l'amnistie, la puissance d'abolir la condamnation et le fait même qui l'a motivée ; que, dès lors, celui qui, après avoir obtenu cette haute faveur, se rend coupable d'un nouveau crime ou délit, encourt, selon les règles tracées par le Code pénal, les aggravations de la récidive. C'est la conséquence rationnelle d'une mesure qui n'a de portée effective que pour l'avenir ; c'est en même temps l'application d'un principe d'équité qui ne permet point de traiter plus favorablement que tout autre coupable celui qui, infidèle à ses engagements, s'est montré indigne d'un bienfait qui lui avait été généreusement octroyé et a trahi ainsi tout à à la fois la confiance de la société et du Souverain.

FIN.

APPENDICE.

N° 1.

Code pénal des 25 septembre — 6 octobre 1791. — Iʳᵉ partie. — Titre VII.

De la réhabilitation des condamnés.

Art. 1ᵉʳ. Tout condamné qui aura subi sa peine, pourra demander à la municipalité du lieu de son domicile une attestation à l'effet d'être réhabilité, savoir : les condamnés aux peines des fers, de la réclusion dans une maison de force, de la gêne, de la détention, dix ans après l'expiration de leur peine ; les condamnés à la peine de la dégradation civique, ou du carcan, après dix ans à compter du jour de leur jugement.

Art. 2. Aucun condamné ne pourra demander sa réhabilitation, si, depuis deux ans accomplis, il n'est domicilié dans le territoire de la municipalité à laquelle sa demande est adressée et s'il ne joint à ladite demande des certificats et attestations de bonne conduite qui lui auront été délivrés par les municipalités sur le territoire desquelles il a pu avoir son habitation ou son domicile pendant les dix années qui ont précédé sa demande, lesquels certificats ou attestations de bonne conduite ne pourront lui être délivrés qu'à l'instant où il quittera lesdits domicile ou habitation.

Art. 3. Huit jours au plus, après la demande, le conseil général de la commune sera convoqué et il lui sera donné connaissance de la demande.

Art. 4. Le conseil général de la commune sera de nouveau convoqué au bout d'un mois; pendant ce temps, chacun de ses membres pourra prendre, sur la conduite du condamné, les renseignements qu'il jugera convenable.

5

Art. 5. Les avis seront recueillis par la voie du scrutin, et il sera décidé, à la majorité des voix, si l'attestation sera ou non accordée.

Art. 6. Si la majorité est pour que l'attestation soit accordée, deux officiers municipaux revêtus de leur écharpe, ou avec leur procuration, deux officiers municipaux de la ville où siége le tribunal criminel du département dans le territoire duquel le condamné est actuellement domicilié, conduiront le condamné devant ledit tribunal criminel. Ils y paraîtront avec lui dans l'auditoire en présence des juges et du public. Après avoir fait lecture du jugement prononcé contre le condamné, ils diront à haute voix : « Un tel a expié son crime en subissant sa peine : « maintenant sa conduite est irréprochable : nous demandons, « au nom de son pays, que la tache de son crime soit effacée. »

Art. 7. Le président du tribunal, sans délibération, prononcera ces mots : « Sur l'attestation et la demande de votre pays, « la loi et le tribunal effacent la tache de votre crime. »

Art. 8. Il sera dressé du tout procès-verbal.

Art. 9. Si le tribunal criminel où le jugement de réhabilitation sera prononcé est autre que celui où a été rendu le jugement de condamnation, la copie dudit procès-verbal sera envoyée pour être transcrite sur le registre, en marge du jugement de condamnation.

Art. 10. La réhabilitation fera cesser dans la personne du condamné tous les effets et toutes les incapacités résultant de la condamnation.

Art. 11. Toutefois, l'exercice des droits de citoyen actif du condamné demeurera suspendu à l'égard du réhabilité, jusqu'à ce qu'il ait satisfait aux dommages-intérêts ainsi qu'aux autres condamnations pécuniaires qui auront pu être prononcées contre lui.

Art. 12. Si la majorité des voix du corps municipal est pour refuser l'attestation, le condamné ne pourra former une nouvelle demande que deux ans après, et ainsi de suite de deux ans en deux ans, tant que l'attestation n'aura pas été accordée.

Art. 13. L'usage de tous actes tendant à empêcher ou à suspendre l'exercice de la justice criminelle, l'usage des lettres de grâce, de rémission, d'abolition, de pardon et de commutation de peine, sont abolis pour tout crime poursuivi par voie de jurés.

N° 2.

Code d'instruction criminelle, tit. VII, chap. IV (Loi des 16-26 décembre 1808).

De la réhabilitation des condamnés.

Art. 619. Tout condamné à une peine afflictive ou infamante qui aura subi sa peine, pourra être réhabilité. La demande en réhabilitation ne pourra être formée par les condamnés aux travaux forcés à temps ou à la réclusion que cinq ans après l'expiration de leur peine, et par les condamnés à la peine du carcan, que cinq ans à compter du jour de l'exécution de l'arrêt.

Art. 620. Nul ne sera admis à demander sa réhabilitation s'il ne demeure depuis cinq ans dans le même arrondissement communal, s'il n'est pas domicilié depuis deux ans accomplis, dans le territoire de la municipalité à laquelle sa demande est adressée et s'il ne joint à sa demande des attestations de bonne conduite qui lui auront été données par les conseils municipaux et par les municipalités dans le territoire desquels il aura demeuré ou résidé pendant le temps qui aura précédé sa demande. Ces attestations de bonne conduite ne pourront lui être délivrées qu'à l'instant où il quitterait son domicile ou son habitation. Les attestations exigées ci-dessus devront être approuvées par le sous-préfet et le procureur impérial ou son substitut, et par les juges de paix des lieux où il aura demeuré ou résidé.

Art. 621. La demande en réhabilitation, les attestations exigées par l'article précédent et l'expédition du jugement de condamnation seront déposées au greffe de la Cour impériale dans le ressort de laquelle résidera le condamné.

Art. 622. La requête et les pièces seront communiquées au procureur général : il donnera ses conclusions motivées et par écrit.

Art. 623. L'affaire sera rapportée à la chambre criminelle.

Art. 624. La Cour et le ministère public pourront, en tout état de cause, ordonner de nouvelles informations.

Art. 625. La notice de la demande en réhabilitation sera insérée au journal judiciaire du lieu où siége la Cour qui devra donner son avis et du lieu où la condamnation aura été prononcée.

Art. 626. La Cour, le procureur général entendu, donnera son avis.

Art. 627. Cet avis ne pourra être donné que trois mois au moins après la présentation de la demande en réhabilitation.

Art. 628. Si la Cour est d'avis que la demande en réhabilitation ne peut être admise, le condamné pourra se pourvoir de nouveau après un nouvel intervalle de cinq ans.

Art. 629. Si la Cour pense que la demande en réhabilitation peut être admise, son avis, ensemble les pièces exigées par l'art. 620, seront, par le procureur général et dans le plus bref délai, transmis au ministre de la Justice, qui pourra consulter le tribunal qui aura prononcé la condamnation.

Art. 630. Il en sera fait rapport à Sa Majesté par le ministre de la Justice.

Art. 631. Si la réhabilitation est prononcée, il en sera expédié des lettres où l'avis de la Cour sera inséré.

Art. 632. Les lettres de réhabilitation seront adressées à la Cour qui aura délibéré l'avis : il en sera envoyé copie authentique à la Cour qui aura prononcé la condamnation, et transcription des lettres sera faite en marge de la minute de l'arrêt de condamnation.

Art. 633. La réhabilitation fera cesser, pour l'avenir, dans la personne du condamné, toutes les incapacités qui résultaient de sa condamnation.

Art. 634. Le condamné pour récidive ne sera jamais admis à la réhabilitation.

N° 3.

Loi du 28 *avril* 1832.

Art. 1er. Les articles...... 619 du Code d'instruction criminelle sont abrogés ; ils seront remplacés par les articles suivants.

619.

Tout condamné à une peine afflictive ou infamante, qui aura subi sa peine, ou qui aura obtenu, soit des lettres de commutation, soit des lettres de grâce, pourra être réhabilité. La demande en réhabilitation ne pourra être formée par les condamnés aux travaux forcés à temps, à la détention, ou à la réclusion, que cinq ans après l'expiration de leur peine, et par les condamnés à la dégradation civique qu'après cinq ans à compter du jour où la condamnation sera devenue irrévocable, et cinq ans après qu'ils auront subi la peine de l'emprisonnement s'ils y ont été condamnés. En cas de commutation, la demande en réhabilitation ne pourra être formée que cinq ans après l'expiration de la nouvelle peine, et, en cas de grâce, que cinq ans après l'enregistrement des lettres de grâce.

N° 4.

Décret relatif à la réhabilitation des condamnés.

18 avril 1848.

Le Gouvernement provisoire décrète :

Art. 1er. Provisoirement, le ministre de la Justice est autorisé à prononcer la réhabilitation des condamnés avec les modifications suivantes aux dispositions du Code d'instruction criminelle.

Art. 2. La demande en réhabilitation, les attestations exigées par l'art. 620 du Code d'instruction criminelle et l'expédition de l'arrêt de condamnation, seront soumises au procureur général qui transmettra son avis par écrit au ministre de la Justice : le ministre statuera.

Art. 3. Si la demande est rejetée, le condamné pourra se pourvoir de nouveau après un intervalle de cinq ans. Il sera procédé sur la nouvelle demande selon qu'il est prescrit au Code d'instruction criminelle.

Art. 4. Si, sur la première demande, le ministre prononce la réhabilitation, il en sera expédié des lettres qui seront transcrites en marge de la minute de l'arrêt qui aura prononcé la condamnation.

Art. 5. Tout condamné correctionnellement pourra obtenir sa réhabilitation trois ans après l'expiration de sa peine, pourvu qu'il soit domicilié, depuis deux ans accomplis, dans la même commune. Il devra adresser directement sa demande au procureur général de la Cour d'appel dans le ressort de laquelle son arrêt de condamnation aura été rendu. Il y joindra les certificats de bonne conduite délivrés par les maires des communes qu'il a successivement habitées, approuvés par le sous-préfet. Le procureur général donnera son avis au ministre, qui prononcera.

Art. 6. Si la demande est accueillie, les lettres accordées seront transcrites en marge de la minute de l'arrêt qui aura prononcé la condamnation.

Art. 7. Il n'est point dérogé aux autres dispositions du Code d'instruction criminelle.

N° 5.

Loi du 3 *juillet* 1852.

Article unique. — Le décret du 18 avril 1848 est abrogé.

Le chapitre IV du titre VII du livre II du Code d'instruction criminelle est pareillement abrogé ; il est remplacé par les articles suivants :

Art. 619. Tout condamné à une peine afflictive ou infamante ou à une peine correctionnelle, qui a subi sa peine, ou qui a obtenu des lettres de grâce, peut être réhabilité.

Art. 620. La demande en réhabilitation, pour les condamnés à une peine afflictive ou infamante, ne peut être formée que cinq ans après le jour de leur libération. Néanmoins, ce délai court, au profit des condamnés à la dégradation civique, du jour où la condamnation est devenue irrévocable, ou de celui de l'expiration de la peine de l'emprisonnement, si elle a été prononcée. Il court, au profit du condamné à la surveillance de la haute police, prononcée comme peine principale, du jour où la condamnation est devenue irrévocable. Le délai est réduit à trois ans pour les condamnés à une peine correctionnelle.

Art. 621. Le condamné à une peine afflictive ou infamante ne peut être admis à demander sa réhabilitation, s'il n'a résidé dans le même arrondissement depuis cinq années, et pendant les deux dernières dans la même commune.

Le condamné à une peine correctionnelle ne peut être admis à demander sa réhabilitation, s'il n'a résidé dans le même arrondissement depuis trois années et pendant les deux dernières dans la même commune.

Art. 622. Le condamné adresse la demande en réhabilitation au procureur impérial de l'arrondissement, en faisant connaître : 1° la date de sa condamnation ; 2° les lieux où il a résidé depuis sa libération, s'il s'est écoulé, après cette époque, un temps plus long que celui fixé par l'art. 620.

Art. 623. Il doit justifier du paiement des frais de justice, de l'amende et des dommages-intérêts auxquels il a pu être condamné, ou de la remise qui lui en a été faite. A défaut de cette justification, il doit établir qu'il a subi le temps de contrainte par corps déterminé par la loi, ou que la partie lésée a renoncé à ce moyen d'exécution.

S'il est condamné pour banqueroute frauduleuse, il doit justifier du paiement du passif de la faillite, en capital, intérêts et frais, ou de la remise qui lui en a été faite.

Art. 624. Le procureur impérial provoque, par l'intermédiaire du sous-préfet, des attestations délibérées par les conseils municipaux des communes où le condamné a résidé, faisant connaître : 1° la durée de sa résidence dans chaque commune, avec indication du jour où elle a commencé et de celui auquel elle a fini ; 2° sa conduite pendant la durée de son séjour ; 3° ses moyens d'existence pendant le même temps. Ces attestations doivent contenir la mention expresse qu'elles ont été rédigées pour servir à l'appréciation de la demande en réhabilitation.

Le procureur impérial prend, en outre, l'avis du maire des communes et du juge de paix des cantons où le condamné a résidé, ainsi que celui du sous-préfet de l'arrondissement.

Art. 625. Le procureur impérial se fait délivrer : 1° une expédition de l'arrêt de condamnation, 2° un extrait des registres des lieux de détention où la peine a été subie, constatant quelle a été la conduite du condamné. Il transmet les pièces, avec son avis, au procureur général.

Art. 626. La Cour dans le ressort de laquelle réside le condamné est saisie de la demande. Les pièces sont déposées au greffe de cette Cour par les soins du procureur général.

Art. 627. Dans les deux mois du dépôt, l'affaire est rapportée à la chambre d'accusation ; le procureur général donne ses conclusions motivées et par écrit. Il peut requérir, en tout état de cause et la Cour peut ordonner, même d'office, de nouvelles informations, sans qu'il puisse en résulter un retard de plus de six mois.

Art. 628. La Cour, le procureur général entendu, donne son avis motivé.

Art. 629. Si l'avis de la Cour n'est pas favorable à la réhabilitation, une nouvelle demande ne peut être formée avant l'expiration d'un délai de deux années.

Art. 630. Si l'avis est favorable, il est, avec les pièces produites, transmis par le procureur général et dans le plus bref délai possible, au ministre de la Justice, qui peut consulter la Cour ou le tribunal qui a prononcé la condamnation.

Art. 631. L'Empereur statue sur le rapport du ministre de la Justice.

Art. 632. Des lettres de réhabilitation seront expédiées en cas d'admission de la demande.

Art. 633. Les lettres de réhabilitation sont adressées à la Cour qui a délibéré l'avis. Une copie authentique en est adressée à la Cour ou au tribunal qui a prononcé la condamnation. Ces lettres seront transcrites en marge de la minute de l'arrêt ou du jugement de condamnation.

Art. 634. La réhabilitation fait cesser, pour l'avenir, dans la personne du condamné, toutes les incapacités qui résultaient de la condamnation. Les interdictions prononcées par l'art. 612 du Code de commerce sont maintenues, nonobstant la réhabilitation obtenue en vertu des dispositions qui précèdent.

Aucun individu condamné pour crime, qui aura commis un second crime et subi une nouvelle condamnation à une peine afflictive ou infamante, ne sera admis à la réhabilitation.

Le condamné qui, après avoir obtenu sa réhabilitation, aura encouru une nouvelle condamnation, ne sera pas admis au bénéfice des dispositions qui précèdent.

N° 6.

Loi du 19 *mars* 1864.

Art. 1er. Les notaires, les greffiers et les officiers ministériels destitués peuvent être relevés des déchéances et incapacités résultant de leur destitution.

Art. 2. Toutes les dispositions du Code d'instruction criminelle relatives à la réhabilitation des condamnés à une peine correctionnelle sont déclarés applicables aux demandes formées en vertu de l'art. 1er.

Le délai de trois ans fixé par le dernier paragraphe de l'art. 620 du Code d'instruction criminelle court du jour de la cessation des fonctions.

MINISTÈRE
DE L'INTÉRIEUR.

Direction des prisons
et
des établissements
pénitentiaires.

CIRCULAIRE.

N° 7.

Paris, le 17 mars 1865.

Monsieur le Préfet, la loi du 3 juillet 1852, sur la réhabilitation, contient des dispositions plus libérales que celles de la législation précédente; elle a eu ainsi pour but de faciliter aux individus frappés par la justice les moyens de recouvrer leurs droits de citoyen. Depuis douze ans, le nombre des demandes en réhabilitation s'est progressivement accru; mais il est encore fort restreint. On remarque, en outre, que la plupart des instances formées à cet effet émanent de condamnés correctionnels ayant subi des peines légères pour des délits relativement peu graves.

Quant aux libérés des maisons centrales, dont la régénération serait pourtant si désirable, bien peu d'entre eux réclament le bénéfice de la réhabilitation.

M. le Ministre de la Justice, qui vient d'appeler mon attention sur ce point, pense que la connaissance complète des effets que produit la réhabilitation et des garanties qu'exige la loi, serait éminemment propre à favoriser l'amendement des coupables et à encourager leur retour dans la bonne voie. En effet, les condamnés qui aspirent à se faire réhabiliter doivent s'imposer, durant l'exécution de leur peine comme après leur libération, des habitudes d'ordre et de travail qui les moralisent et leur permettent plus tard de résister aux entraînements des passions mauvaises. D'un autre côté, ceux que la réhabilitation a relevés à leurs propres yeux et remis intégralement en possession de leurs droits, sont particulièrement intéressés à ne plus enfreindre les lois; car indépendamment de la peine qui viendrait les frapper de nouveau, ils perdraient, sans pouvoir les recouvrer, les bénéfices de la réhabilitation.

Réformer les condamnés et, par suite, amener une réduction graduelle du nombre des récidives, tel est le but que mon administration poursuit depuis plusieurs années. La loi sur la réhabilitation doit être comptée parmi les moyens qui lui permettront de l'atteindre. Il importe donc de favoriser l'application de cette loi, et pour cela, de faire bien comprendre aux condamnés les bienfaits qu'elle est appelée à leur procurer, s'ils savent les mériter par un changement complet dans leur conduite.

D'après ces considérations, j'ai pensé, Monsieur le Préfet, qu'il y avait lieu d'adopter les dispositions suivantes: les directeurs des maisons centrales et autres établissements pénitentiaires, dès l'arrivée des condamnés, en prison, seront tenus de leur faire entrevoir, comme encouragement à se bien conduire, la perspective de la réhabilitation, dont ils leur expliqueront les conditions et les avantages. — Cette exhortation devra être renouvelée, en temps opportun, pendant le cours de la peine, soit en particulier, soit en public, par exemple lors de la proclamation des grâces et dans d'autres circonstances de nature à impressionner les détenus.

Ces appels fréquents à des sentiments d'honneur qui ne demandent peut-être qu'à être habilement stimulés, produiront sans doute des effets salutaires. Dans tous les cas, mon administration ne saurait hésiter à tenter un essai qui n'aura pas été stérile, lors même qu'il n'augmenterait pas d'une manière bien sensible le nombre des demandes en réhabilitation.

Je vous prie, Monsieur le Préfet, de donner des instructions dans ce sens au directeur de   et de veiller à ce qu'il les mette immédiatement à exécution.

Recevez, Monsieur le Préfet, etc.

Signé : BOUDET.

N° 8.

Arrêt de la Cour de cassation du 27 *avril* 1865.

Le procureur général impérial près la Cour de cassation expose qu'il est chargé par M. le Garde des Sceaux, ministre de la Justice, conformément à l'art. 441 du Code d'instruction criminelle, de requérir l'annulation, dans l'intérêt de la loi, d'une décision de la Cour impériale de Colmar, chambre des mises en accusation, en date du 29 avril 1864, portant refus de statuer sur la demande en réhabilitation formée par le nommé Georg.

La lettre de M. le Garde des Sceaux est ainsi conçue :

« Le 20 octobre 1857, le vérificateur des poids et mesures de « Schelestadt, procédant à sa visite dans la boutique de Georg, « boucher en ladite ville, constata que la balance dont ce mar- « chand se servait était faussée par l'addition d'un morceau de « viande de 20 grammes collé sous l'un des plateaux. Traduit, à « raison de ce fait, devant le tribunal correctionnel, Georg fut « condamné, le 10 novembre 1857, à quatre jours d'emprison- « nement, à la publication du jugement et aux frais, par appli- « cation des art. 3, 6 et 7 de la loi du 27 mars 1851. A la suite « de cette condamnation Georg fut, à ce qu'il paraît, rayé, pen- « dant cinq ans, de la liste des électeurs, par une fausse appli- « cation des articles 15, § 14 et 16 du décret du 2 février 1852. « Au mois de décembre 1863, il demanda sa réhabilitation ; dans « l'intervalle, sa conduite avait été excellente ; toutes les auto- « rités locales avaient émis des avis favorables, et il paraissait

« remplir toutes les conditions exigées par la loi, lorsque le « dossier arriva à la Cour de Colmar. Le procureur général pré- « senta des réquisitions tendant à ce que la Chambre des mises « en accusation donnât un avis favorable à la réhabilitation; « mais la Cour, après en avoir délibéré, refusa de statuer par des « motifs de droit pur. Dans son opinion, l'incapacité d'être élec- « teur, garde national ou juré, aux termes des lois qui régissent « ces matières spéciales, n'est attachée qu'aux condamnations pro- « noncées par application de l'art. 1er de la loi du 27 mars 1851. « Or, Georg a été condamné seulement par application de « l'art. 3 ; il n'aurait, dès lors, encouru aucune incapacité ; et le « fait relevé à sa charge, tel qu'il a été qualifié par le jugement, « ne constituerait même pas un de ces délits contre la probité, « prévus par l'art. 26 de la loi du 15 mars 1850. Je reconnais, « avec la Cour de Colmar, que les condamnations prononcées « par application de l'art. 3 de la loi du 27 mars 1851, n'en- « traînent pas l'incapacité d'être juré, électeur ou garde na- « tional; mais il me paraît incontestable que le fait établi à la « charge de Georg rentre dans la catégorie des délits contre la « probité qui, d'après l'art. 26 de la loi du 15 mars 1850, entraî- « nent l'incapacité d'être instituteur ou d'être employé dans une « école. En effet, la loi du 27 mars 1851 est destinée à la répres- « sion de la fraude dans la vente des marchandises. Toutes ses « dispositions ont pour but de garantir l'acheteur contre l'impro- « bité du marchand. Quoique cette loi distingue divers cas « auxquels elle applique des peines graduées suivant le degré de « perversité, elle flétrit dans tous l'immoralité qui caractérise « les manœuvres qu'elle réprime, puisqu'elle invite les tribu- « naux à prononcer la publication et l'affiche du jugement de « condamnation. Cet appel à l'opinion publique se justifie, dans « la pensée du législateur, par l'intention coupable qu'il attribue « même au simple détenteur des faux poids. Le rapporteur de la « loi de 1851, à l'Assemblée législative, faisait ressortir les motifs « de cette innovation : — « Si l'on a des poids et mesures faux, « c'est-à-dire trompeurs, à portée du siége de la vente, cette « possession, punie aujourd'hui des peines de simple police, a « paru à votre commission devoir être réprimée un peu plus « sévèrement. Elle n'est pas sans doute mise sur la même ligne « que l'usage des faux poids, mais elle est le dangereux véhi-

« cule de cet usage et ne s'explique guère que comme le préli-
« minaire de cet usage. En le frappant, on préviendra souvent « cet usage difficile à saisir. » Sous le Code pénal de 1832, la dé- « tention pure et simple, abstraction faite de toute tromperie « consommée et de toute plainte, n'était punie par l'art 479 « que comme contravention. Elle n'admettait pas d'excuses; « le juge ne devait pas avoir égard à la bonne foi. On pouvait « peut-être soutenir avec quelque fondement que la condamna- « tion prononcée pour un fait matériel, ne portait pas atteinte « à la probité. Aujourd'hui, la situation n'est plus la même ; en « élevant le fait de détention au rang de délit, le législateur a « permis de faire valoir les motifs légitimes qui excuseraient le « fait matériel. Mais il en résulte la conséquence nécessaire et « forcée que la condamnation ne laisse pas intacte la probité. « D'un autre côté, la loi du 15 mars 1850 a volontairement em- « ployé des termes généraux, étrangers à la terminologie de nos « lois pénales, pour caractériser des faits d'où elle faisait dé- « river une incapacité. Cette incapacité elle-même est perpé- « tuelle, et il est inexact de prétendre que le condamné jouisse « de la plénitude de ses droits de citoyen et n'ait rien à gagner « à la réhabilitation. Je crois devoir aller plus loin encore et je « soutiens avec conviction que le système de la Cour de Colmar « matérialise une loi réparatrice et morale dont le législateur n'a « pas entendu renfermer l'application dans le cercle étroit de « l'utilité actuelle et immédiate. La réhabilitation est accessible « désormais à tous les condamnés, lors même qu'aucune inca- « pacité n'entrave leur vie publique ou privée. En effet, il reste « toujours la flétrissure morale qu'il doit leur être permis d'ef- « facer par leur régénération. L'opinion publique ne s'y trompe « point. Lorsqu'un coupable, inspiré par le culte de l'honneur, « s'efforce de conquérir l'estime de ses concitoyens, personne « ne pourrait comprendre que ses heureux efforts et ses louables « tentatives dussent être découragés par une fin de non-recevoir « insurmontable. On peut dire, en empruntant aux anciennes « lettres de réhabilitation, une expression juste et énergique, « que l'ancien condamné, s'il n'est privé d'aucun des droits ci- « viques ou civils, a encore besoin de se faire restituer dans sa « *bonne fame et renommée*. Le texte de la loi revisée en 1852 « ne contient pas la règle étroite et impitoyable que la Cour de

« Colmar a cru y découvrir. L'art. 619 du Code d'instruction « criminelle veut que tout condamné puisse être réhabilité. « Aucune exception ne vient limiter cette faveur qui n'est sou- « vent que justice. Si, plus loin, l'art. 634 signale, pour les effa- « cer, les incapacités légales, ses prévisions si naturelles et si « logiques ne peuvent en rien affecter la généralité du principe « établi au début du chapitre IV. En définitive, la réhabilitation « est éminemment favorable, et il convient, dans un intérêt de « morale publique, qui n'échappera certainement pas aux ma- « gistrats de la Cour suprême, d'en étendre les effets au lieu de « les restreindre arbitrairement par une interprétation qui ne « s'appuie sur aucun texte formel. Je n'ai pas besoin de rappe- « ler que, d'après la jurisprudence de la Cour de cassation, un « pourvoi est impossible contre les avis des Cours impériales en « cette matière, alors même qu'ils seraient fondés sur des motifs « de droit. (Arr. des 1er septembre 1853 et 21 avril 1855). »

Dans ces circonstances, vu la loi du 15 mars 1850, l'art. 619 du Code d'instruction criminelle, l'art. 441 du même Code, la lettre de M. le Garde des Sceaux, en date du 27 septembre 1864 et les pièces du dossier ; nous requérons, pour l'Empereur, qu'il plaise à la Cour casser et annuler, dans l'intérêt de la loi, la décision dénoncée, ordonner qu'à la diligence du procureur général, l'arrêt à intervenir sera imprimé et transcrit sur les registres de la Cour impériale de Colmar.

Fait au parquet, le 17 décembre 1864.

Le Procureur général,
Signé : DUPIN.

La Cour, ouï M. le conseiller Nouguier, en son rapport et M. le procureur général Dupin en ses conclusions ; vu la lettre de S. Exc. M. le Garde des Sceaux, ministre de la Justice et des Cultes, en date du 27 septembre 1864, ensemble le réquisitoire du procureur général près la Cour ; — vu l'art. 26 de la loi sur l'enseignement du 15 mars 1850 ; les art. 3, 6 et 7 de la loi sur les fraudes en matière de vente de marchandises, du 27 mars 1851 ; les art. 619 et suivants du Code d'instruction criminelle rectifiés par la loi sur la réhabilitation des condamnés en matière criminelle et correctionnelle, du 3 juillet 1852 ; — En ce qui touche la première branche du moyen de cassation proposé : — Attendu que l'art. 26 de la loi sur l'enseignement porte : « Sont incapables de tenir une école publique ou libre, ou d'y « être employés, les individus qui ont subi une condamnation « pour crime, ou pour délit contraire à la probité et aux « mœurs ; » — Attendu que cette disposition, qui a pour but d'assurer la bonne composition du corps enseignant, est générale et embrasse, par ces expressions : *délit contraire à la probité*, tous les délits dans la qualification desquels l'esprit de fraude entre comme un élément nécessaire ; qu'elle s'étend, dès lors, au fait qui a motivé la condamnation prononcée, le 10 novembre 1857, contre Georg, condamnation fondée sur l'existence, dans l'étal de ce boucher, d'une balance fausse de 20 grammes au préjudice de l'acheteur, défectuosité qui était produite par un morceau de chair collé contre le rebord inférieur du plateau où se place la marchandise ; — Qu'il est impossible d'en douter si l'on considère que ce fait, qualifié autrefois simple contravention, a été élevé par la loi nouvelle au rang de délit ; qu'il constitue l'un des modes de tromperie qu'elle a voulu réprimer ; qu'il est puni d'une amende et d'un emprisonnement correctionnel et qu'il est, en outre, permis de lui infliger la peine toute morale de l'affiche du jugement et de son insertion dans les journaux ; — D'où il suit que la condamnation encourue par Georg entraînait contre lui une véritable incapacité, et qu'en lui refusant le droit de s'en faire relever par la réhabilitation, l'arrêt attaqué a violé, sous ce premier rapport, les dispositions ci-dessus visées ; — En ce qui touche la seconde branche du moyen proposé : — Attendu, au surplus, que le droit de poursuivre sa réhabilitation en matière correctionnelle, existe, pour le condamné, dans tous les cas et alors même qu'aucune déchéance, incapacité ou interdiction ne serait la conséquence du jugement ; — Qu'en effet, le mot réhabilitation, entendu dans son sens usuel, comporte l'idée du rétablissement du condamné dans son ancien état, et que ce rétablissement ne serait pas entier, s'il ne lui était pas permis de se soustraire, dans l'avenir, à la flétrissure morale qu'imprime la condamnation elle-même ; — Que telle était, d'ailleurs, la réhabilitation dans notre ancien droit ; qu'elle avait alors pour effet et de relever de toutes les interdictions ou incapacités, et d'effacer la note d'infamie, conséquence de la condamnation ; — Qu'il ressort manifestement des discussions de notre nouveau Code pénal que c'est dans ce sens et avec cette étendue qu'elle a passé de l'ancien droit dans la nouvelle législation, et que c'est uniquement parce que la loi nouvelle classait méthodiquement les peines, en les divisant en peines afflictives, peines infamantes, peines afflictives et infamantes, que cette loi, matérialisant en quelque sorte la réhabilitation, a cru devoir, dans l'origine, ne l'accorder que dans les cas où la peine prononcée avait par elle-même, d'après la classe à laquelle elle appartenait, un caractère légalement infamant ; — Que, depuis et grâce à la marche incessamment progressive des idées, des habitudes et des mœurs, cette restriction a perdu sa raison d'être, le besoin de la considération publique devenant de plus en plus impérieux et rendant de plus en plus sensible, aux yeux de l'opinion, toute tache résultant d'une condamnation judiciaire; — Que c'est sous l'impulsion de ce besoin qu'en 1852 et 1864, le législateur a successivement étendu aux condamnés correctionnels, aux notaires, greffiers et officiers ministériels destitués le bénéfice de la réhabilitation ; — Attendu que l'arrêt attaqué excipe vainement, pour restreindre les effets de lois nouvelles, de la disposition de l'art. 634, qui porte que la réhabilitation fera cesser, pour l'avenir, dans la personne du condamné, toutes les incapacités qui résultaient de la condamnation ; — Que cette disposition, faite uniquement pour déterminer, à titre d'exemple, un des principaux effets de la réhabilitation, n'a rien d'exclusif pour les autres et qu'il serait contraire aux règles de l'équité et aux lumières du bon sens de l'interpréter comme si elle admettait celui qui est placé sous le coup d'une incapacité au droit de se faire réhabiliter, alors qu'elle refuserait le bénéfice de la réhabilitation à celui qui aurait été frappé d'une condamnation moindre, et qui se trouverait, dès lors, dans une meilleure situation morale; — Attendu que l'interprétation contraire, en refusant de distinguer entre eux et en élargissant ainsi une mesure libérale, toute d'humanité et de justice, ajoute à l'importance sociale de cette mesure ; — Qu'en effet, la loi, en cherchant à inspirer aux condamnés la pensée qu'ils doivent attacher un grand prix à l'estime de leurs concitoyens, les provoquer à une sorte d'émulation de probité et d'honneur, éloigne les chances de récidive, augmente le nombre des réhabilitations et contribue ainsi à élever le niveau des mœurs publiques ; — Attendu qu'en l'interprétant autrement, l'arrêt attaqué a méconnu son esprit, soumis ses effets à une restriction arbitraire et violé ses dispositions sainement entendues ; — Casse et annule, mais dans l'intérêt de la loi seulement, l'arrêt de la Cour impériale de Colmar, Chambre des mises en accusation du 29 avril 1864.

MINISTÈRE
DE LA JUSTICE.

Direction des affaires criminelles et des grâces.

CIRCULAIRE relative à l'instruction des demandes en réhabilitation.

N° 9.

Paris, le 17 mars 1853.

MONSIEUR DE PROCUREUR GÉNÉRAL, l'examen des dossiers de réhabilitation qui me sont journellement adressés, en exécution de l'art. 630 du Code d'instruction criminelle (loi du 3 juillet dernier), m'a donné lieu de remarquer que l'instruction de ces sortes d'affaires présente parfois des lacunes ou des irrégularités qui nécessitent des justifications complémentaires et retardent ainsi la décision attendue.

Pour prévenir autant que possible ces inconvénients, il me paraît utile de vous donner, d'une manière précise, l'indication des pièces qui doivent accompagner toute demande en réhabilitation transmise à la Chancellerie.

D'après la loi précitée, deux points surtout sont essentiels à constater de la part de celui qui aspire à la réhabilitation : 1° l'exécution des condamnations prononcées ; 2° la réunion des garanties de résidence et de bonne conduite se rapportant à la période de temps écoulée depuis la libération.

Les prescriptions relatives au premier point font l'objet des articles 623 et 625 ; l'article 624 règle ce qui regarde le second.

Voici donc, indépendamment de la demande même dont la teneur est clairement tracée par l'article 622, et qui, émanant du condamné *personnellement*, doit être adressée par lui au Procureur impérial de l'arrondissement qu'il habite, la série des pièces à produire pour la réhabilitation :

1° La quittance (à moins de remise totale par décision gracieuse) de l'amende, s'il en avait été prononcé, et, dans tous les cas, celle des frais de justice.

Il n'y a pas, quant à ces frais, à prévoir l'éventualité de leur remise, *qui ne peut être accordée à aucun titre ;*

2° La quittance des dommages-intérêts qui ont pu être alloués à la partie civile, ou l'acte constatant la remise que celle-ci en aurait consentie ;

3° A défaut des pièces ci-dessus indiquées, un certificat établissant que le réclamant a subi le temps de contrainte par corps déterminé par la loi ; ou encore, s'il s'agit des dommages-intérêts, la déclaration de la partie civile qu'elle entend renoncer à ce moyen d'exécution ;

4° Dans le cas où le demandeur en réhabilitation aurait été condamné pour banqueroute frauduleuse, la quittance du passif de la faillite, en capital, intérêts et frais, ou l'acte de remise qu'en aurait accordé la masse des créanciers.

Ces différentes pièces sont les seules qu'ait à fournir le réclamant ; celles dont l'énumération suit doivent au contraire être recueillies par le Procureur impérial chargé de l'instruction ; ce sont :

5° Les attestations de chacun des Conseils municipaux des communes où le condamné aurait résidé depuis sa libération, attestations provoquées et rédigées en la forme déterminée par l'article 624 ;

6° L'avis particulier du Maire desdites communes ; cette pièce, nécessairement distincte de l'attestation mentionnée ci-dessus, est confidentielle de sa nature : elle a pour objet de contrôler, au besoin, l'avis délibéré en assemblée générale par les membres du Conseil municipal ;

7° L'avis du Juge de paix de chacun des cantons qu'aurait habités le condamné ;

8° Celui du Sous-Préfet de chacun des arrondissements où sont situés ces cantons ;

Pour le temps passé sous les drapeaux depuis la mise en liberté, les certificats des chefs de corps tiennent lieu des attestations exigées ci-dessus.

Dans le cas où le condamné, remplissant d'ailleurs les conditions de résidence réglées par l'article 621, aurait passé quelque temps hors de France, depuis sa libération, il serait nécessaire de m'en référer en me faisant connaître exactement la date de son départ de France et celle de son retour, ainsi que les localités où il aurait résidé, afin que je pusse provoquer, par l'intermédiaire de M. le Ministre des Affaires étrangères, des renseignements sur la conduite tenue par le réclamant en pays étranger;

9° Une expédition de l'arrêt ou du jugement de condamnation, expédition à la suite de laquelle doivent être mentionnées avec soin, comme sur la minute même, les décisions gracieuses qui ont pu intervenir en faveur du condamné. En matière correctionnelle et en cas d'appel, il y a lieu de joindre l'expédition de l'arrêt ou du jugement qui a statué sur cet appel à celle du jugement de première instance ;

10° Un extrait des registres du lieu de détention où le condamné a subi sa peine, constatant la date de l'écrou et celle de sa radiation, ainsi que la conduite du détenu;

11° L'avis motivé du Procureur impérial qui a procédé à l'intruction;

12° Les conclusions pareillement motivées qui ont dû être déposées par vous, monsieur le Procureur général, ou en votre nom, à la chambre d'accusation;

13° L'avis délibéré par cette chambre;

14° En cas d'informations supplémentaires ordonnées par elle, en vertu de l'article 627, une expédition de l'arrêt, et s'il y a lieu, le réquisitoire qui les auraient provoquées, ainsi que toutes les pièces les constatant ou s'y rattachant;

15° L'acte de naissance du condamné, pièce destinée à faciliter la mention de la réhabilitation au casier judiciaire;

16° Enfin, l'inventaire détaillé des pièces du dossier.

Il convient que ces pièces me soient adressées, monsieur le Procureur général, avec un rapport rappelant succinctement les faits qui avaient motivé la condamnation, les phases diverses de la procédure en réhabilitation et votre avis définitif sur l'admissibilité de la demande.

Je n'ai pas à insister sur ce que les dossiers de réhabilitation ne doivent m'être transmis qu'au cas d'avis favorable émis par la Cour; dans le cas contraire, vous n'aurez qu'à me donner simplement connaissance de l'avis défavorable. Telle est la conséquence nécessaire des dispositions combinées des articles 629 et 630 de la loi du 3 juillet 1852.

Mais j'ajouterai que le délai d'ajournement ou de nouvelle épreuve, fixé par le premier de ces deux articles pour l'examen de toute demande postérieure à celle qu'aurait repoussée la Cour, devra être également observé lorsque, sur mon rapport, l'Empereur n'aura pas cru devoir admettre ladite demande.

Je compte sur votre zèle et sur celui de vos substituts, pour que ces sortes d'affaires soient traitées avec tout le soin qu'exige leur importance.

Je ne terminerai point sans appeler votre plus sérieuse attention sur la nécessité de ne rendre la réhabilitation accessible qu'aux condamnés qui se seraient réellement montrés dignes d'un tel bienfait, par un amendement éprouvé et des garanties sérieuses de régénération définitive.

Vous ne vous déterminerez donc pas à appuyer de vos conclusions favorables une demande en réhabilitation, par cela seul que le réclamant se trouverait remplir effectivement les conditions indispensables que la loi exige, et qu'il n'aurait point donné lieu à de nouvelles plaintes depuis sa condamnation ; mais vous étudierez l'ensemble et les détails de sa vie, postérieurement à cette époque, et vous n'accorderez votre appui à ses démarches qu'autant que vous aurez reconnu qu'il s'est appliqué, avec constance et énergie, à faire oublier son passé et à mériter de recouvrer les droits de citoyen. Il importe, en un mot, que la réhabilitation morale précède et justifie la réhabilitation légale.

Le Garde des Sceaux,

Ministre Secrétaire d'État au département de la Justice,

Signé : ABBATUCCI.

N° 10.

Arrêt de la Cour de cassation du 1er *septembre* 1853.

Ouï M. le conseiller Jallon, en son rapport, et M. l'avocat

général Plougoulm, en ses conclusions ; ouï, également, Me Treneau, en ses observations :

Attendu que le demandeur, condamné, pour délit d'habitude d'usure, à mille francs d'amende et aux frais, par jugement du tribunal de Châteaubriant, en date du 26 avril 1849, a formé, le 30 avril 1853, une demande en réhabilitation devant la Cour impériale de Rennes ;

Attendu que, par décision en date du 12 mai de la même année, la Cour, chambre des mises en accusation, a déclaré qu'il n'y avait pas lieu de donner un avis favorable à la réhabilitation demandée ;

Attendu que Thomas Salmon s'est pourvu en cassation contre cette décision le 16 juillet suivant ;

En ce qui touche la question de savoir si ce pourvoi est recevable :

Attendu que le Code d'instruction criminelle, modifié par la loi du 3 juillet 1852, a introduit, en matière de réhabilitation, une procédure particulière et des décisions d'une nature toute spéciale reudues par les Cours, chambres des mises en accusation, investies du droit d'examiner ces demandes et d'apprécier la valeur morale des pièces et des certificats produits à l'appui ; que ces décisions sont qualifiées d'*avis* par les art. 629 et suivants de la loi du 3 juillet 1852 ; qu'elles conservent cette qualification, soit qu'il s'agisse d'une décision favorable ou contraire au succès de cette demande ; qu'elles ne sont pas susceptibles d'être attaquées par la voie de la cassation ;

Attendu que cette opinion est d'autant plus fondée que le législateur, qui a pris soin, dans les art. 177, 211, 299, 408 et 413 du Code d'instruction criminelle, d'énoncer dans quelles formes et dans quels délais les pourvois relatifs aux jugements de simple police et de police correctionnelle et aux arrêts des chambres de mise en accusation et des Cours d'assises devaient être formés, n'a point compris, dans les dispositions des articles ci-dessus énumérés, les pourvois en matière de réhabilitation ; que ce silence s'explique par la nature même de la demande et de l'avis qui l'admet ou qui la rejette ;

Attendu, dès lors, qu'il résulte de l'ensemble de ces lois que les avis sollicités des Cours impériales sur les demandes en réhabilitation, remises, pour ainsi dire, au pouvoir discrétionnaire des magistrats, et qui ont pour base principale l'appréciation morale de la conduite et du repentir du condamné, ne sont pas susceptibles d'être attaqués par le recours en cassation ;

Par ces motifs, la Cour déclare Thomas Salmon non recevable dans son pourvoi.

Ainsi fait et jugé, etc. — Chambre criminelle.

N° 11.

Arrêt de la Cour de cassation du 21 *avril* 1855.

Sur le pourvoi du sieur Rosemond de Beauvallon en nullité de la décision rendue, le 11 janvier dernier, par la Cour impériale de la Guadeloupe, chambre des mises en accusation, laquelle Cour, sans avoir égard au désistement du susnommé, a été d'avis, qu'en l'état, il n'y avait pas lieu d'examiner au fond la demande en réhabilitation à elle présentée :

Est intervenu l'arrêt suivant : Ouï le rapport de M. le conseiller Plougoulm, les conclusions de M. d'Ubexi, avocat général;

Vu le mémoire produit par Me Frignet, avocat en la Cour ;

Attendu que le demandeur, condamné pour faux témoignage, par arrêt de la Cour d'assises de la Seine du 9 octobre 1847, a formé, en 1854, une demande en réhabilitation;

Attendu que, par décision du 11 janvier 1855, la Cour impériale de la Guadeloupe, chambre des mises en accusation, sans avoir égard au désistement du demandeur, a été d'avis qu'en l'état, il n'y avait pas lieu d'examiner au fond la demande en réhabilitation à elle présentée;

Attendu qu'aux termes de la loi du 3 juillet 1852, la décision rendue par une Cour impériale, en matière de réhabilitation, n'a ni le caractère ni la dénomination d'*arrêt*; que c'est un *avis* qui, dans aucun cas, n'a rien de définitif; que, si cet avis est contraire au demandeur, celui-ci peut renouveler sa requête après un délai de deux ans; s'il est favorable, il appartient au chef de l'État de statuer souverainement sur le rapport du ministre de la Justice;

Attendu que la décision de la Cour, n'étant pas un arrêt, ne peut, aux termes de l'art. 442 du Code d'instruction criminelle, être déférée à la Cour de cassation ; que le pourvoi ne pourrait être exercé que dans les conditions tracées par l'art. 441 du même Code ;

Attendu que les divers art. 177, 211, 299, 408 et 413, qui règlent les formes et les délais du pourvoi contre les décisions judiciaires aux divers degrés, ne comprennent point le cas de réhabilitation ;

Attendu que la procédure administrative qui doit éclairer l'avis de la Cour, l'examen auquel les magistrats doivent se livrer sur la conduite du condamné depuis l'expiration de la peine, sur les garanties morales que son repentir peut offrir, indiquent suffisamment que cet avis ne pouvait avoir un autre caractère que celui qui lui est donné par la loi ; que, dans l'espèce, les raisons de droit sur lesquelles s'appuie la Cour de la Guadeloupe, ne changent pas la nature de l'acte ;

Attendu que si, dans un cas quelconque, le pourvoi était ouvert au demandeur en réhabilitation dont la requête a été réjetée par la Cour, il faudrait que, dans le cas de l'avis favorable, cette voie fût également ouverte au ministère public, partie nécessaire dans la décision de cette Cour ; que, cependant, cette conséquence est inadmissible en présence des dispositions qui lui enjoignent d'adresser, dans le plus bref délai, les pièces au ministre de la Justice pour que l'affaire reçoive la solution déterminée par la loi ; par ces motifs, la Cour déclare le pourvoi de Rosemond de Beauvallon non recevable.

N° 12.

Arrêt de la Cour de cassation du 18 *janvier* 1867.

La Cour, sur le pourvoi formé par le sieur Martin en nullité d'un avis émis par la Cour impériale de Bordeaux, chambre des mises en accusation, le 1er septembre 1866, qui a rejeté sa demande en réhabilitation :

Ouï le rapport de M. le conseiller Faustin Hélie, les observations de M. Groualle et les conclusions de M. l'avocat général Charrins ;

Attendu que le demandeur, condamné, par arrêt du 21 décembre 1859, à quinze jours d'emprisonnement et mille francs d'amende, pour falsification d'eau-de-vie, a formé une demande en réhabilitation qui a été rejetée par un avis de la chambre d'accusation de la Cour impériale de Bordeaux, du 1er septembre 1866 ; que c'est contre cet avis que le pourvoi est dirigé ; qu'aux termes de l'art. 407 du Code d'instruction criminelle, le recours en cassation ne peut être admis que contre les arrêts et jugements rendus en dernier ressort ;

Que les avis rendus par les Cours impériales sur les demandes en réhabilitation, conformément à l'art. 628 du Code d'instruction criminelle, rectifié par la loi du 3 juillet 1852, n'ont ni le caractère ni l'autorité des arrêts ; qu'ils n'attribuent, s'ils sont favorables, aucun droit définitif à la partie, puisqu'il appartient au chef de l'État de statuer souverainement, sur le rapport du ministre de la Justice, et que leur autorité, si la demande est rejetée, n'est que temporaire, puisque la requête peut être renouvelée après un délai de deux ans ;

Qu'à la vérité, l'avis dénoncé par le pourvoi renferme une violation formelle des formes prescrites par la loi, puisque, contrairement à la disposition de l'art. 628, il n'énonce aucun motif à son appui ; mais qu'aux termes de l'art. 441 du même Code, il n'appartient qu'au ministre de la Justice de dénoncer à la Cour des actes judiciaires autres que les arrêts et jugements qui sont contraires à la loi ;

Déclare le pourvoi non recevable.

N° 13.

NAPOLÉON, par la grâce de Dieu et la volonté nationale, EMPEREUR DES FRANÇAIS, à tous présents et à venir, SALUT.

Aux premier Président, Présidents et Conseillers composant notre Cour impériale d

Nous avons reçu l'humble supplique de

né le
à
demeurant
le quel , après avoir subi

pour
et avoir fourni les justifications légales relatives à l'exécution des condamnations pécuniaires, sollicite sa réhabilitation.

A ces causes, d'après les conclusions de votre délibération en date du
portant :

Vu la loi du

Et sur le rapport de notre Garde des Sceaux, Ministre Secrétaire d'État au département de la Justice et des Cultes, à nous présenté le

Nous avons réhabilité et réhabilitons pour l'avenir

dans tous les droits dont été privé par l'effet d
susdit.

MANDONS et ORDONNONS que les présentes lettres de réhabilitation vous soient présentées en audience publique par notre Procureur général près ladite Cour, et qu'elles soient aussitôt, à ses réquisition et diligence, transcrites sur vos registres et en marge de la minute d de

Donné en notre palais d
le

TABLE DES MATIÈRES.

APPENDICE.

www.ingramcontent.com/pod-product-compliance
Ingram Content Group UK Ltd.
Pitfield, Milton Keynes, MK11 3LW, UK
UKHW031927260826
14628UKWH00003B/1472

9 782014 096514